기독교문서선교회(Christian Literature Center: 약칭 CLC)는 1941년 영국 콜체스터에서 켄 아담스에 의해 시작되었으며 국제 본부는 미국 필라델피아에 있습니다. 국제 CLC는 59개 나라에서 180개의 본부를 두고, 약 650여 명의 선교사들이 이동도서차량 40대를 이용하여 문서 보급에 힘쓰고 있으며 이메일 주문을 통해 130여 국으로 책을 공급하고 있습니다. 한국 CLC는 청교도적 복음주의 신학과 신앙서적을 출판하는 문서선교기관으로서, 한 영혼이라도 구원되길 소망하면서 주님이 오시는 그날까지 최선을 다할 것입니다.

신본주의 교육

The Pattern of God's Truth: The Integration of Faith and Learning
Written by Frank E. Gaebelein
All rights reserved.

Korean Edition Copyright ⓒ 2020 by Christian Literature Center, Seoul, Korea

신본주의 교육: 신앙과 학문의 통합

1991년 11월 25일 초판 발행
2024년 03월 10일 개정판 2쇄 발행

| 지 은 이 | 프랭크 개블라인

| 편   집 | 정재원
| 디 자 인 | 김현진, 박성준, 박하영
| 펴 낸 곳 | (사)기독교문서선교회
| 등   록 | 제16-25호(1980.1.18.)
| 주   소 | 서울특별시 동대문구 천호대로71길 39
| 전   화 | 02-586-8761~3(본사) 031-942-8761(영업부)
| 팩   스 | 02-523-0131(본사) 031-942-8763(영업부)
| 이 메 일 | clckor@gmail.com
| 홈페이지 | www.clcbook.com
| 송금계좌 | 기업은행 073-000308-04-020 (사)기독교문서선교회

ISBN 978-89-341-2215-9(93230)

이 도서의 국립중앙도서관 출판예정도서목록(CIP)은 서지정보유통지원시스템 홈페이지 (http://seoji.nl.go.kr)와 국가자료공동목록시스템(http://www.nl.go.kr/kolisnet)에서 이용하실 수 있습니다. (CIP제어번호: 2020044738)

이 책의 저작권은 저자와 (사)기독교문서선교회가 소유합니다. 신저작권법에 의하여 한국 내에서 보호받는 저작물이므로 무단 전재와 무단 복제를 금합니다.

신본주의 교육

신앙과 학문의 통합

프랭크 E. 개블라인 지음
이 창 국 옮김

The Pattern of
God's Truth

CLC

목차

저자 서문 1   6
저자 서문 2   8
역자 서문   11

제1장   기독교 교육, 어디에 있는가?

1. 이끄는 말   17
2. 선교와 교육   18
3. 기독교인과 세속 교육   19
4. 기독교 교육   22
5. '공교육의 기독교화'에 대한 세 가지 해석   25
6. 기독교 교육의 담당자들   32

제2장   통합과 진리

1. 이끄는 말   45
2. 강연의 주제에 관하여   48
3. 통합이란?   51
4. 반성적 고찰   59
5. 하나님의 진리, 그 말의 의미   66

제3장　　　교사와 진리

1. 진리란 무엇인가? 　　　　　　　　　　76
2. 기독 교사와 기독교 교육 　　　　　　84
3. 기독교인과 세속주의 　　　　　　　　89
4. 교사를 통한 통합 　　　　　　　　　　95
5. 성경은 누가 가르쳐야 하는가? 　　　101

제4장　　　교과와 진리

1. 교사로부터 교과로 　　　　　　　　　108
2. 통합이 가장 어려운 교과 　　　　　　111
3. 문학과 기독교의 통합 　　　　　　　121
4. 예술과 기독교: 음악을 중심으로 　　128

제5장　　　교실을 넘어서서

1. 교실을 넘어서서 　　　　　　　　　　144
2. 수업 외 활동 　　　　　　　　　　　　146
3. 훈육: 기독교 교육의 시금석 　　　　154
4. 예배와 기독교 　　　　　　　　　　　157
5. 기독교 교육의 홍보 　　　　　　　　164
6. 기독교 대중 　　　　　　　　　　　　167
7. 기독교 교육의 사명 　　　　　　　　171
8. 기독교 교육의 도전 　　　　　　　　175

부록 1　기독교인은 어떤 학교에 다녀야 하는가?　　178
부록 2　예수의 종교사상에 관한 교육학적 연구　　182
부록 3　믿음과 사랑의 공동체　　222

저자 서문 1

프랭크 개블라인(Frank E. Gaebelein) 박사
전 뉴욕 스토니브룩스쿨 교장

교육과 관련하여 저술한 필자의 책 중에 특별히 이 책은, 기독교적 교육이든 세속적 교육이든 '교육이라면 반드시 따라야 할 대원칙이란 무엇인가'라는 문제를 집중적으로 다뤘다. 이 책이 처음 출판된 지 벌써 14년이 지났지만, 필자는 지금도 이 책에서 주장하는 그 대원칙이 옳다고 믿는다.

즉 '진리는 모두 하나님께 속한 것'이라는 대원칙은 분명히 새로운 개념은 아니다. 이 원칙은 성경에서 나온 것이며, 사도들의 시대부터 오늘에 이르기까지 어거스틴, 멜랑히톤, 파스칼, 뉴먼, 카이퍼와 같은 위대한 인물들이 천명해 왔다.

"모든 진리는 하나님 안에서 하나로 통합돼야 한다."

이 원칙은 모든 시대의 교육 활동, 교육 원리, 교육적 판단들이 근거해야 할 대전제임에도, 오늘날의 교육 활동들은 번번이 이 원칙을 무시한 채로 이루어지고 있다.

진리는 모두 하나님께 속한 것이며, 그리스도는 인간의 세상에 오신 진리의 말씀이며, 성령은 진리의 영이며, 성경은 진리의 말씀이 기록된 책이라는 사실은, 오늘날에도 거듭해서 주장될 필요가 있다.

이와 더불어, 자연 및 우주의 모든 측면과 인간의 모든 창조적 노력도 진리의 하나님과 연결되었다는 사실을 명확하게 깨달아야 한다. 왜냐하면, '종교에서 생각하는 진리'와 '세속 학문이 따라야 할 진리'는 별개의 것이라는 이분법적 사고에 근거한 교육 철학은 기독교 정신에 명백히 어긋나기 때문이다.

필자가 최근에 하는 주장들이 이 책에서 주장하는 바와 다소 다른 것처럼 보일지 모르지만, 그것은 표현상의 사소한 차이에서 비롯된 것에 불과하다. 참다운 기독교인을 길러내기 위해서는 무엇보다 하나님 안에서 재조직되고 통합된 진리와 지식의 터 위에 우리의 교육을 세워야 한다는 필자의 신념은 오히려 그 어느 때보다도 더 확고하다.

최근에 이 원칙을 보다 성실하고 철저하게 실천하겠다고 공약하는 기독교 대학들이 증가하고 있는데, 필자는 이것을 "기독교 교육에 대한 탐색"(The Search for a Christian Education)—이것은 컬리(Kendig Brubaker Cully) 씨가 최근에 출판한 책의 이름이기도 하다—이 이제 올바른 길로 접어들었음을 보여주는 좋은 증거라고 생각한다.

이 책이 보급판으로 출판되는 것을 허락해 주신 옥스퍼드대학교 출판부의 러글스(Wilbur D. Ruggles) 씨와 오우클리(Walter T. Oakley) 씨 두 분에게 감사를 드린다. 그리고 특별히 이 책의 보급판 출판을 흔쾌히 맡아줌으로써, 이 책이 좀 더 많은 독자에게 읽힐 수 있도록 해 주신 무디(Moody)출판사에도 감사를 드린다.

미국 버지니아(Virginia) 알링톤(Arlington)에서
1968년 3월

저자 서문 2

프랭크 개블라인(Frank E. Gaebelein) 박사
전 뉴욕 스토니브룩스쿨 교장

이 책은 『민주사회에서의 기독교 교육』(Christian Education in a Democracy)이라는 필자의 책에서 부족했던 점들을 보완하기 위하여 쓰였다. 『민주사회에서의 기독교 교육』은 상당한 분량의 책으로, 전국교육연합회(National Association of Education, NAE)의 '기독교 교육 철학 및 실제 위원회'의 보고서 형태로 출판된 것인데, 초등교육으로부터 대학교육에 이르기까지의 모든 교육을 망라한 것이었다. 그 결과 이 책은 몇몇 본질적인 문제들을 아주 가볍게 언급하고 지나갈 수밖에 없었다.

1952년, 달라스신학교(Dallas Theological Seminary)의 '그리피스 토마스(Griffith Thomas) 기념강좌'에서 기독교 교육에 관한 주제로 강연을 해달라는 부탁을 받았을 때 필자는 기독교 교육의 근본적 원리를 집중적으로 다룰 좋은 기회라고 생각하여 이 제안을 흔쾌히 받아들였는데, 이 강좌에서 행한 강연이 이 책의 바탕이 되었다.

1953년 가을, 덴버(Denver)에 있는 보수침례신학교(Conservative Baptist Theological Seminary)의 '기독교 사상과 목회'라는 강좌에서 다시 한 번 똑같은 내용의 강연을 했다.

기독교 교육이든 세속적 교육이든 교육에 관해서 생각할 때 누구든지 궁극적으로는 '교과 내용 및 교육 활동 간의 통합'이라는 문제와 부딪친다. 교육은 일종의 유기적 활동이기 때문에, 우리 인간들에게 철학이 필요한 것과 똑같이 교육에도 철학이 있어야만 한다.

일반적으로 각 사회의 교육들은 몇 가지 명확한 기본 전제들 위에 세워져 있다. 그러나 어떤 교육 철학이 채택되었다고 해서, 곧 그 교육 철학이 그 사회의 모든 교육 활동 가운데 일관성 있게 실천된다고 볼 수는 없다. 왜냐하면, 어떤 하나의 교육관을 따른다고 표방하는 것과 학교나 대학에서의 교육 과정, 학생 활동, 교육 행정 등등의 모든 교육 활동들이 그 교육관에 따라서 일관성 있게 통합된다는 것과는 서로 다른 일이기 때문이다.

이러한 통합은 세속 교육뿐만 아니라 기독교 교육에서도 제대로 이루어지지 못하고 있다. 진리의 말씀인 성경에 토대를 둔 고상한 원리들과 세계관에 헌신하겠다고 서약은 하지만, 기독교 교육의 실제 활동들은 상당한 부분이 성경의 진리들과 생생한 유기적 관련을 맺지 못하고 있다. 기독교 교육이 내세우는 원리들은 고상하며 나무랄 데 없이 정통적인 입장을 견지하는 것들이지만, 그 원리들이 실제의 기독교 교육 활동들 속에서 온전하게 실현되는 것은 아직도 요원한 일이다.

필자는 복음주의적(evangelical) 기독교인으로서, 복음주의적 신앙에 입각하여 교육하는 일이 가장 중요하다고 생각한다. 그러나 이 책에서 다루고 있는 주제는 어떤 특정한 신학적 입장을 지닌 사람들만이 관심을 가져야 할 문제는 아니다. 바라기는, 필자와 신학적 입장이 다른 사람들이라고 하더라도 이 책을 읽고 기독교와 교육의 진정한 통합을 구현하는 일에 관심과 도움을 얻게 되었으면 한다.

뉴욕 스토니브룩(Stony Brook)에서
1954년 2월

역자 서문

이 창 국 박사
전 공주대학교 사범대학 교수

이 책을 번역하기로 작정한 것이 1987년 10월이었으니, 번역하는 데 꼭 4년이 걸린 셈이다. 워낙 시간이 없기도 했지만 처음 번역하는 책이라서, 잘 해보고 싶은 욕심이 컸다. 고치고 또 고쳤다. 그러나 인제 그만 내놓기로 했다.

이 책을 번역하면서 많은 생각을 했고, 또 많은 것을 배웠다. 그리고 무엇보다도 그동안 모호하고 흐릿하기만 했던 저자의 생각들이 이제 나의 마음속에 뚜렷하고도 명확하게 자리 잡고 영글었다. 이 책을 이 세상에 내놓아야 할 때가 되었다고 판단하는 근거가 바로 여기에 있다.

물론 세세한 부분에 이르면 아직도 부족한 점들이 많다. 그리고 내가 저자의 모든 생각에 동의하는 것도 아니다. 그러나 이 책은 기독교 교육에 대한 내 생각을 성장시켜 준 책이다. 나는 이 책이 다른 분들에게도 같은 도전과 기회를 제공해 주리라고 믿는다.

이 책에 이끌리게 된 것은 "신앙과 학문의 통합"이라는 이 책의 부제 때문이었다. 이 문제는 기독교인이라면 누구나 다 부딪치는 문제이지만, 나는 나름대로 이 문제로 인해서 심각한 갈등을 겪고 있었다. 그 당시 나는 "연암 박지원의 교육사상 연구"라는 논문으로 박사학위를 받은 지 불과 몇 달이 되지 않았다.

독자 여러분은 아마 내가 전공한 분야와 번역해 낸 이 책 사이의 엄청난 거리감에 놀랄지도 모르겠다. 그러나 이 두 가지는 사실 내 생각과 마음을 떠받쳐 주는 두 개의 지주였다. 한편으로는, 보잘것없는 것이지만 나는 어려서부터 기독교 신앙을 지녀왔고, 다른 한편으로는, 없는 재주지만 최선을 다해 학문의 길을 달려왔다. 그런데 이 두 기둥 사이의 거리가 너무 벌어진 것이다. 달리 표현한다면, 학문 쪽의 기둥이 너무 커졌다고도 할 수 있겠다.

오늘날의 대학은 합리적이고 논리적이며 자유분방한 기운들로 가득 차 있지만 결코 거룩하지는 않다. 우리의 교육은 진선미(眞善美)는 추구하면서도, 성 문제에 대해서는 고개를 돌려버린다.

오늘날의 교육과 학문은 너무나 인간적이다. 나는 나 자신이 지닌 인격과 지식의 얄팍한 깊이에 식상해 있었기 때문에, 늘 좀 더 깊어지기를 원했다. 그러나 나는 대학 사회에서, 그것을 찾고 나누어 가지는 일에 실패했다. 물론 여기에는 나 자신의 책임도 있다만, 대학의 지성 자체가 이미 심오성을 찾고 있지 않다는 데에도 문제가 있다고 생각한다.

'거룩함'과 '하나님'은 인간이 추구해야 할 여러 가지 덕목이나 탐구 영역 가운데 하나가 아니라, 인간이 추구해야 할 모든 영역의 근원적인 토대여야 한다. 우리의 조상들은 예로부터 공(恭), 경(敬), 성(誠)과 등을 학문의 대전제로 삼았다. 오늘날 우리는 실용성과 끝없는 자유와 물질적 풍요의 추구에 정신이 없는 나머지, 조상들의 이러한 학문적 실험을 이어받지 못하고 있으며, 또 이어받을 필요성을 느끼지도 않는다.

그러나 나는 우리 조상들이 했던 학문의 대전제가 잘못되었다고 생각지는 않는다. 물론 우리 조상들의 학문적 실험은 어떤 면에서는 실패작이라고 볼 수도 있다. 그러나 만약 그들의 실험이 실패였다면, 그것은 그들의 전제가 잘못되었기 때문이라기보다는 그들이 그 전제에 좀 더 충실하지 못했거나 그들의 역량이 부족했기 때문이었을 것이다.

공, 경, 성은 너무도 위대한 전제다. 이 전제는 그동안의 수많은 실패에도 다시 도전해 볼 가치가 있을 만큼 위대한 전제다. 나는 우리 조상들이 도전했던 이 전제에 다시 도전해 보고 싶어졌다. 그리고 내가 실패하더라도, 나의 후학들이 또다시 도전해 주기를 바란다. 그런데 나는 이 공, 경, 성이 인간 앞에서의 공, 경, 성이어서는 안 되며, 또한 자기 자신에 대한 것으로 그쳐서도 안 된다고 생각한다.

그것은 엄위하신 절대자, 우리의 존재의 근원이신 하나님 앞에서의 공, 경, 성이어야만 한다. '신 앞에 책임지는 인간,' '신 앞에 책임지는 학문,' 이것이 바로 우리의 교육과 학문이 지향해야 할 참모습이라고 생각한다.

이 책은 '학교에서의 기독교 교육'이라는 문제를 다루고 있다. 프랭크 개블라인 박사는 학교에서의 기독교 교육은 단순히 종교 과목을 덧붙이는 것으로 혹은 종교 과목을 효과적으로 가르치는 것으로 성취되는 것이 아니라고 주장한다. 그는 교육의 모든 측면이 창조주 하나님을 진리의 참된 주인으로 인정하고, 그의 말씀과 유기적인 관련을 맺음으로써 하나의 통합체를 이루어 나가는 것이 바로 학교에서의 기독교 교육에 필수적인 조건이라고 본다.

그는 다음과 같이 말한다.

> 작곡을 할 때 갖추어야 할 중요한 형식들 가운데 하나는 주제(theme)와 변주(variations)라는 것인데, 이 형식에 따르면 음악의 전개부들은 끊임없이 변화하는 가운데에서도 항상 주제와 관련을 맺도록 되어있다. 이 강연의 구조도 음악의 이러한 형식과 유사하다. 이 강연은 '하나님의 진리'라는 고귀한 주제를 다루고 있으며, 기독교 교육의 다양한 영역들이 바로 이 주제의 변주다. 이 강연은 기독교 교육의 다양한 영역들이 이 강연의 주제인 '하나님의 진리'와 유기적인 관련성을 맺음으로써 하나의 살아있는 유기체로 통합될 수 있는 방법을 찾아내려는 목적을 지니고 있다.

이 책에서 저자는 '교사, 교과, 교육 행정, 수업 외 활동 등이 기독교 신앙과 어떻게 통합될 수 있는가'라는 문제를 다룬다. 이 책의 분량이 말해주듯이, 저자는 구체적인 방법들을 자세하게 논의하지는 않았다. 이 책은 주로 원리, 방향 그리고 대표적인 예들을 제시해 주는 선에서 그치고 있다. 그 원리들을 실제에 적용하고 검증함으로써, 그 원리들을 더욱 확장해 나가는 일은 아마도 우리가 해야 할 일일 것이다.

제1장에는 역자의 돕는 글을 실었다. 기독교 교육의 본질 그리고 기독교 교육을 담당해야 할 교육 주체들에 관한 문제들을 다루었는데, 이 글을 읽고 나면 아마도 이 책이 말하는 것들에 대해서 좀 더 관심을 가지고 귀를 기울일 수 있을 것이다. 그리고 부록에도 역자의 논문 두 편을 실었다.

하나는 예수의 종교사상을 교육학적으로 재해석해 본 글이고, 다른 하나는 교회론을 다룬 글이다. 얼핏 보기에, 이 글은 이 책의 주제와 무관한 것처럼 보이지만, 나는 '신앙과 학문의 통합'이라는 이 책의 부제를 '학교와 교회의 통합'으로 바꾸어 말해도 크게 틀리지 않는다고 생각한다. 그런데 이 책에는 교회론이 빠져있다. 따라서 나의 이 글은 이 책의 이러한 점을 보완하는 역할을 한다.

제1장의 "기독교 교육, 어디에 있는가?"라는 글은 '엘에스'(LS: Light and Salt의 영문 약자로 공주대학교 내 음악선교 모임)의 정기모임과 칠갑산에서 있었던 '영성반'(영어 성경 연구반의 약자로, 역시 공주대학교 내 성경 연구 모임)의 야외예배 그리고 공주에 있는 신관감리교회 청년회의 '바울-디모데 모임' 등에서 세 차례에 걸쳐 강연한 내용이다.

부록 2의 "예수의 종교사상에 관한 교육학적 연구"는 「공주대학교 논문집」 제28집(1990.12.)에 실렸던 것을 그대로 옮긴 것이고, 부록 3의 "믿음과 사랑의 공동체"라는 글은 영성반 종강 예배에서 했던 설교를 옮긴 것이다.

작은 번역서나마 책을 하나 낸다고 생각하니, 오늘에 이르기까지 나를 이끌어 주시고 사랑해 주셨던 많은 분의 은혜가 더욱 크게 느껴진다.

나에게 기독교 신앙을 가르쳐 주셨을 뿐만 아니라 몸소 보여주셨고, 또한 학문의 길을 가는 일에 상담자요, 격려자요, 후원자이셨던 아버님과 어머님, 특히 아버님은 내가 쓴 논문들의 가장 열렬한 독자이셨다.

내가 영문학도에서 교육사, 교육 철학으로 전환하는 일에 커다란 자극과 용기를 주셨던 서울대학교의 이홍우 교수님, 인자하신 모습으로 나의 부족한 생각들을 늘 격려해 주시고 이끌어 주셨던 한기언 교수님, 논리적이고 분석적인 사고방식을 훈련시켜 주신 이돈희 교수님, 박사학위 논문을 쓰다가 좌절하고 말았을 때, 논문을 무사히 마무리 지을 수 있도록 교훈을 주시고 이끌어 주신 김영찬 교수님, 어려웠을 때 큰 도움을 주셨던 이영덕 교수님과 정원식 교수님, 늘 진지한 태도로 학문에 열중하셨던 장상호 교수님 그리고 뜨거웠고 진지했던 대학원의 학우들. 나는 이 모든 분에게 빚을 지고 있다.

특별히, 부족한 나를 늘 가족처럼 따뜻하게 대해주신 모교인 공주대학교 교육학과의 은사님과 선배 교수님들께도 감사를 드리고 싶다.

마지막으로, 기독교 교육을 실험해 보기 위하여, 나와 함께 교육 선교 공동체인 '가르침'을 만드느라고 수고한 창립구성원 여덟 사람에게도 이 자리를 빌려 감사의 뜻을 표한다. 이 책에 실린 내 생각들은 그 대부분이 이들과의 토론을 통하여서 발전된 것들이기 때문이다. 이 번역서가 기독교 신앙과 학문의 통합에 관심을 지닌 많은 분에게 조금이라도 도움이 될 수 있기를 빈다.

1991년 8월
공주, 금학동에서

제1장

기독교 교육, 어디에 있는가?[1]

1. 이끄는 말

며칠 전 '영성반'('영어 성경 연구반'의 약자로, 역시 공주대학교 내 성경 연구 모임)의 한 형제와 나누었던 이야기가 생각난다. 그때 그 형제는 기독교에서 흔히 지상명령이라고 말하는 구절에 관해 이야기했다. "너희는 가서 모든 족속으로 제자를 삼아"(마 28:19)라든가 내가 너희에게 분부한 모든 것을 가르쳐 지키게 하라"(마 28:20)는 말씀은 일종의 교육적 명령인데, 교회는 대부분 이 말씀을 선교적 명령으로 해석해 왔고, 그 결과 '제자를 삼는다'든지 '가르쳐 지키게 하는 일'에는 소홀했다는 말이었다.

그리고 현재 한국 기독교인들의 숫자가 천만을 넘어선다고 호언하는데, 만약 교회가 이들을 제자로 삼아서 예수님이 분부하신 모든 것

---

[1] 역자 서문에서 밝힌 바와 같이, 이 글은 역자의 강연 글로 원서의 이해를 돕기 위해 본 번역서 제1장으로 실었다-편집자 주.

을 가르쳐 지키게 교육했더라면, 우리의 사회가 오늘날처럼 이렇게 혼탁하지는 않았을 것이라는 비판을 덧붙였다.

2. 선교와 교육

참으로 신랄한 비판이었지만, 나는 그의 견해에 동의하지 않을 수 없었다. 물론 선교와 교육은 밀접한 관련성을 지닌 활동으로, 서로 엄격하게 구분될 수 없는 것이다. 그러나 교육과 선교가 같은 일이 아닌 것도 명백하다. '선교'는 예수님을 주로 고백하도록 하기 위한 일인 반면에, '교육'은 그 고백에 합당한 삶을 사는 방법을 가르쳐 주는 일이기 때문이다. 그래서 어떤 사람이 예수를 자신의 주로 고백했다면, 선교의 목적은 달성된 것이라고 볼 수 있지만, 교육의 목적까지 달성된 것은 아니다.

선교를 '낳는 일'에 비유한다면, 교육은 '기르는 일'에 비유할 수 있다. 낳지 않으면 어떻게 기를 수가 있겠느냐 반문하는 분들이 많다. 그러나 단순히 낳는 것만으로는 위대하다고 말할 수 없다. 훌륭하고 건강한 아이를 낳아야만 한다. 훌륭한 아이를 낳기 위해서는 태중에서부터 아이를 가르치지 않으면 안 된다. 우리는 이러한 일을 '태교'라고 부른다. 마찬가지로 예수님을 주로 고백한 뒤에야 비로소 그 고백에 합당하게 살아가는 방법을 배울 수도 있고 가르칠 수도 있다.

그러나 예수님을 자신의 주로 고백하는 그 고백이 훌륭한 고백이 되기 위해서는 먼저 훌륭한 가르침이 있어야 한다. 예수님의 제자들은 예수님을 주라고 고백하기 훨씬 전부터, 이미 그 고백에 합당한 삶의 방법들을 예수님으로부터 배우고 있었다는 점을 잊어서는 안 된다.

기독교인들은 오늘날 우리의 사회현실을 보면서, 그동안 선교에 열심을 내지 못했음을 회개하고 앞으로는 선교에 좀 더 열심을 내야 할 것이다. 그러나 기독교인들은 그동안의 교육적 노력이 잘못되었음을 회개하고 기독교 교육을 재검토하는 일에 더 큰 열심을 가져야 한다.

이번 강연에서는 기독교 교육의 본질과 그 본질을 실현하는 방안들에 관하여 생각하려고 한다. 이러한 생각들은 기독교 교육을 재검토하는 일에 하나의 이론적 토대로 활용될 수 있을 것이다.

3. 기독교인과 세속 교육

나는 소위 모태 신앙으로, 기독교 가정에서 나고 자랐다. 그런데 이처럼 기독교 가정에서 나고 자란 사람들은 어른이 된 뒤에 기독교인이 되는 사람들이 겪지 못하는 특이한 문제에 부딪힌다. 이들은 어려서부터 하나님이 없이는 아무것도 이루어지지 않는 환경 속에서 자라는 것이다. 가정이 그렇고, 어려서부터 다니는 교회가 또한 그러하다.

그러나 이들이 좀 더 자라서 학교에 다니기 시작하면, 이들은 하나님이 없이도 모든 것이 완벽하게 그리고 무사히 유지되는, '학교'라는 다른 세계를 발견한다. 그리고 그는 자신이 이러한 어처구니없는 세계 속에 손잡아 줄 사람도 없이 무자비하게 내던져져 있음을 발견하고, 비록 정도의 차이는 있겠지만 예외 없이 강한 충격을 받는다.

어렸을 때 언젠가 이러한 학교를 기독교적인 것으로 개혁하는 방안에 골몰했었던 일이 생각난다(지금 생각해 보면, 나는 아마도 교육학을 해야 할 운명을 타고난 것이 아닌가 하는 생각이 든다). 그러나 이러한 공상의 기간은 잠깐뿐, 학교 교육의 강력하고도 열광적인 후원자들에 둘러싸인 나는, 오히려 내 생각이 혹시 병적인 것이나 아닐까 하는 걱정에 사로잡히게 된다.

사실 하늘처럼 굳게 믿었던 부모님들까지도 학교 교육의 열렬한 성원자들이었으니, 어린 마음에 그런 두려운 마음이 들 것은 뻔한 일일 것이다. 부모님들은 내가 학교에서 성공하기를 진심으로 바라셨고, 모든 수고와 관심과 배려를 아끼지 않으셨다. 손뼉을 치는 주위의 모든 분을 보면서, 머뭇거리던 나도 드디어 이 길을 달리기 시작했고, 오늘날 여기까지 전력을 다해왔다.

그런데 학교에 가서는 하나님을 빼놓고 생각하는 법을 배우고, 교회에 가서는 다시 하나님을 우리의 생각 속에 받아들이는 이러한 이중적인 생활을 마음 편하게 계속하기 위해서는 무언가 그럴듯한 타협책이 필요했다. 그 결과 이러한 결론을 내렸다.

이 세상 속에서 하나님의 말씀대로 살기 위해서는, 하나님에 대해서도 알아야 하지만, 이 세상에 대해서도 잘 알아야 한다. 그러니 교회에서는 하나님의 말씀을 배우고, 학교에 가서는 세상의 학문을 배우자. 이것이야말로 생각이 편협하지 않고 안목과 마음이 넓은 훌륭한 기독교인이 되는 길이다.

처음에는 이러한 이중적인 생활이 왠지 어색하고 마음에 걸렸지만, 세월이 흐르면서 오히려 이러한 생활은 나의 삶에 다양성과 변화를 주는 바람직한 상태라는 생각이 들었다. 나는 어느덧, 교회 친구들을 만나면 하나님 나라와 그의 의에 관하여 눈물을 글썽이며 이야기하다가도, 학교의 친구들을 만나면 이 세상 나라의 관점과 관심사들을 이 세상의 용어와 법칙들을 써서 분석하고 평가하면서 그들과 토론에 열중하는 생활에 익숙해졌다.

그러나 학교와 학문의 세계를 벗어나서 이 사회의 현실에 직면하고, 대학의 현실에 직면하면서 잊혔던 그 옛날의 순수했던 번민이 다시 나의 마음에 상기되기 시작했고, 그 번민은 시간이 흐를수록 더욱더 증폭되었다.

4. 기독교 교육

　우리가 이 세상에서 하나님의 말씀대로 살아가려면, 정말로 이 세상의 학문을 그토록 오래 그리고 그토록 많은 시간과 노력을 들여, 그토록 많은 정성과 진심을 기울여 배우고 익혀야만 하는 것일까?
　우리가 소원하는 것은, 이 세상의 모든 일을 하나님의 방식대로 판단하고 하는 것이 아닌가?
　그렇다면 하나님을 빼놓은 이 세상의 방식들을 그렇게 열심히 배우고 익혀서 어떻게 하겠다는 것인가?
　예수님의 말씀은 교회에서나 적용될 수 있지, 이 세상에는 적용될 수 없는 가르침들이며, 하나님은 교회나 기독교인들의 하나님일 뿐이지 이 세상의 하나님은 아니므로, 교회 바깥의 일들이나 이 세상의 일들을 판단하고 할 때는 이 세상의 학문을 따라 이 세상의 방식대로 생각하고 판단하고 해야 한단 말인가?
　하나님과 하나님의 가르침은 정말로 교회 바깥의 일들을 이끌어 나가기에는 부족한 것이며, 이 세상의 일들을 하나님의 방식대로 판단하고 하려고 드는 것은 시대착오적인 일일까?
　우리는 이러한 의문들에 '아니오'라고 대답할 수밖에 없다. 왜냐하면, 우리가 믿는 하나님은 이 세상의 모든 일과 모든 영역에서도 주인이시기 때문이다. 교회 바깥의 일들이라고 해서 그리고 비기독교인들과 관련된 일들이라고 해서, 우리는 하나님을 전제로 하지 않고 성립된 이 세상의 학문이 가르치는 대로 생각하고 판단하고 행동

할 수는 없는 것이다(사실 오늘날 기독교인들에게는 이 세상의 일들과 영역들을 어떻게 하면 하나님의 방식대로 보고 다룰 수 있을까 하는 문제보다 기독교인들이 그야말로 죽을 힘을 다해 배운 이 세상의 학문을 자신들의 교회와 기독교인에게 적용하려고 드는 일들을 어떻게 하면 최소화할 수 있을까 하는 문제가 더 절박할지도 모르겠다).

그렇다면 우리는 기독교 교육의 문제를 단순히 '종교 활동의 전문가 양성'이라는 관점에서 생각할 것이 아니라 '이 세상의 모든 일을 하나님의 방식대로 보고 판단하고 할 수 있는 사람의 양성'이라는 관섬에서 생각해야만 할 것이다. 예수님은 우리를 '세상의 소금'(마 5:13)이요 '세상의 빛'(마 5:14)이라고 규정하시면서 말씀하셨다.

> 등불을 켜서 됫박으로 덮어 두는 사람은 없다. 누구나 등경(등잔을 걸어놓는 도구) 위에 얹어 둔다. 그래야 집 안에 있는 사람들을 다 밝게 비출 수 있지 않겠느냐 너희도 이와 같이 너희의 빛을 사람들 앞에 비추어 그들이 너희의 착한 행실을 보고 하늘에 계신 아버지를 찬양하게 하여라(마 5:15-16, 공동번역).

또한, 예수님은 "만일 소금이 짠맛을 잃으면 무엇으로 다시 짜게 만들겠느냐 그런 소금은 아무 데도 쓸데없어 밖에 내버려 사람들에게 짓밟힐 따름이다"(마 5:13, 공동번역)라고 경계하셨다.

우리가 이 세상의 일들을 보고 다루고 판단하는 법을 이 세상의 학문에 맡기고서도 이 세상의 빛과 소금이 될 수 있을까?

우리는 지금 혹시 맛을 잃은 소금과도 같아서, 사람들에게 버려져 밟히고 있는 것은 아닐까?

우리가 이 세상의 빛과 소금의 역할을 올바로 감당하기 위해서는 이 세상의 모든 일을 하나님의 방식대로 보고 판단하고 하는 방법들을 배우고 익혀야만 한다. 현재 이 세상에서는 공교육이 사람들에게 이 세상의 모든 일을 보고 판단하고 다루는 방법들을 가르쳐 준다. 기독교인들도 예외 없이 공교육으로부터 누구보다 열심히 그리고 모범적으로 이러한 방법들을 배우고 있다.

기독교인들도 이 세상 속에서 살아야 하는 한, 이 세상의 일들을 보고 판단하고 다루는 법을 배워야만 한다. 다른 점이 있다면, 기독교인들은 이 세상의 일들을 다른 사람들과 똑같은 방식으로 판단하고 다루어서는 안 된다는 것이다. 기독교인들에게는 기독교인 나름의 방식이 있으며, 기독교인이 된다는 말은 사실 이러한 독특한 방식을 배우고 실천한다는 말이다.

그렇다면 기독교 교육의 영역은 적어도 공교육에서 다루는 모든 영역을 망라하는 것이어야 하며, 그 영역들의 수준도 공교육에서 다루는 수준 정도는 되어야 한다.

공교육은 엄청난 자원과 엄청난 교사들과 조직 및 시설들을 들여서 빈틈없고 체계적인 계획을 세우고 수십 년간에 걸쳐서 이 일을 행하지만, 칭찬을 받기는커녕 모든 사람으로부터 무엇인가 잘못한다는 비난을 면하지 못하고 있다.

그런데 선교와 예배 시간을 마련하기에도 큰 어려움을 겪는 기독교가 도대체 어떻게 공교육에서 다루는 모든 영역을, 공교육에서 다루는 수준 정도로 다룰 수 있겠는가?

"기독교가 공교육의 수준에 해당하는 교육을 해야 한다"는 주장은 진정 비현실적인 생각이며, 불필요한 것이며, 잘못된 신앙에서 비롯된 것일까?

교회 바깥의 일들, 즉 이 세상에 관한 일들을 보고 해석하고 해결하는 방식들은 이 세상의 학문과 교육에 맡긴다고 하더라도 우리가 열심히 기도하고 선교해서 모든 사람을 기독교인으로 만든다면, 결국은 공교육도 기독교적인 것으로 바뀌게 되는 것일까?

아니면, 정반대로 기독교 교육 전반이 먼저 하나님 보시기에 온전한 모습으로 변화되어야만 기독교인다운 기독교인을 길러낼 수 있고, 나아가서는 이 세상도 기독교적인 것으로 변화되는 것일까?

5. '공교육의 기독교화'에 대한 세 가지 해석

만약 우리 자신이 직접 공교육의 수준에 해당하는 교육을 하지 않고도, 그와 똑같은 효과를 내는 방법이 있다면, 그것보다 더 좋은 길은 없을 것이다. 그것은 바로 공교육 자체를 기독교화 하는 일이다. 공교육을 기독교화 하기 위해서는 '공교육의 기독교화'라는 것이 어떠한 상태인지에 대한 규정이 먼저 있어야 한다. 공교육은 교육의 목적, 내용, 방법, 제도 등의 여러 가지 영역으로 나뉜다.

이 자리에서는 교육의 내용을 중심으로 하여 '공교육의 기독교화'라는 문제를 검토하기로 하겠다. 왜냐하면, 교육의 내용은 비교적 구체적이고 명확하여서 검토하기가 쉬울 뿐만 아니라, 교육의 가장 핵심적인 요소이기 때문이다. 그리고 교육 내용의 측면에서 검토한 결과는 교육 목적, 방법, 제도 등의 측면에도 적용될 수 있을 것이다.

1) 대체로서의 기독교화

'공교육의 기독교화'라는 말은 성경의 가르침과 일치하는 내용 그리고 적어도 성경과 반대되지 않는 내용은 보존하고 성경과 명백하게 상반되는 내용은 삭제해 나간다는 뜻으로 해석될 수가 있다.

그리고 이러한 관점에서 볼 때, 공교육의 내용은 ① 성경의 가르침과 일치하는 것, ② 성경의 가르침과 명백히 상반되는 것, ③ 성경과의 일치 여부가 불분명한 것 등의 세 가지로 구분된다. 성경과 일치하는 내용의 예로서는 '부모 공경'을, 성경과의 일치 여부가 불분명한 내용의 예로서는 수학의 '이진법'을, 성경과 명백히 상반되는 내용의 예로서는 '진화론'을 들 수 있다.

이러한 방식의 기독교화는 얼핏 보기에도 많은 문제점을 지닌다.

첫째, 공교육에서 가르치는 '부모 공경'을 기독교적이라고 보는 것부터가 문제다. '부모 공경'은 유교적이기도 하고 불교적이기도 하다. 그것을 기독교적인 것으로 생각하는 것은 너무나 자기중심적인 생각이다. 공교육의 부모 공경이 기독교적인 것이 되려면, '주 안에서'(엡 6:1) 공경하는 것이어야 한다.

'주 안에서'라는 말은 아주 짧고 간단한 말이지만, 이 조건을 충족시키기란 몹시 어렵다. '주 안에서' 부모에게 순종하기 위해서는 먼저 주의 모든 말씀과 뜻을 알아야 하며, 삶 전체와 모든 마음과 뜻까지도 주의 말씀 안에 거해야 한다. '주 안에서' 부모에게 순종한 법은 이러한 상황에서만 가르치고 배울 수 있다. 공교육은 결코 '주 안에서'의 부모 공경을 가르치고 있지 않으며, 가르칠 수도 없다.

공교육의 내용과 성경의 가르침을 하나씩 대조해 가면서 그것이 기독교적인가 아니면 비기독교적인가를 가려내는 것은 굉장히 철저하고 확실한 방법인 것처럼 보이지만, 사실은 그다지 신뢰할 만한 방법이 못 된다.

둘째, 수학의 경우를 생각해 보겠다. 수학의 내용과―예컨대 이진법, 피타고라스 정리, 이차 방정식 등―성경의 가르침들을 하나씩 대조해 가는 방법으로는, 그것이 기독교적인가 아닌가 하는 문제를 판단하기가 몹시 어렵다. 그렇다고 성경과 명백하게 상반되지 않는 것들은 모두 다 기독교적인 것으로 볼 수 있다고 주장한다면, 그것은 너무도 무책임한 주장이다.

기독교적인가 아닌가를 판단하는 일에 중요한 것은 구체적인 내용이 아니라 그 구체적인 내용의 배후와, 그들의 성립과 운용의 터전을 이루는 거대한 정신적 풍토다. 오늘날 수학이 그 성립과 운용의 터전으로 삼는 정신적 풍토는 분명히 기독교적인 것은 아니다. 오늘날의 수학은 기독교적인 정신세계로의 입문을 요청하지도 않으며, 또 그것을 진지하게 고려해야 할 필요성도 느끼지 않는다. 오늘날의 수학은 오히려 헬라적인(hellenistic) 정신세계로의 입문을 요청하고 있다.

셋째, 진화론의 경우를 생각해 보자. 진화론은 명백히 성경의 가르침과 상반된다.

그렇다고 진화론을 교육 내용에서 삭제하고 창조론만을 가르치도록 한다면, 그것은 과연 기독교적인 방식이며 또한 가능한 일일까?

우선 이 세상이 크게 반대할 것이다. 그들은 우리가 이러한 일을 행하도록 내버려두지 않을 것이다. 이 세상을 얕보아서는 결코 안 된다. 우리는 이 세상과의 관계가 나쁠 때뿐만 아니라 우호적일 때도, 이 세상이 하나님의 아들을 죽였다는 사실을 잊지 말아야 한다. 예수님은 이렇게 말씀하셨다.

> 보라 내가 너희를 보냄이 양을 이리 가운데 보냄과 같도다 그러므로 너희는 뱀 같이 지혜롭고 비둘기 같이 순결하라(마 10:1).

사실 '뱀'은 기독교에서 가장 경계해야 할 대상이다. 그런데도 기독교의 머리이신 분이 그 제자들에게 '뱀'을 들먹이면서까지 지혜롭기를 당부하신 데는 그만한 까닭이 있는 것임을 알아차려야 한다.

공교육의 내용을 하나하나 성경과 일치시키려는 노력은 지혜롭지 못할 뿐만 아니라, 기독교적이라고 보기도 어렵다. 성경은 무한하지만, 성경에 대한 우리의 해석은 무한한 것이 아니다. 예수님은 "자기를 의롭다고 믿고 다른 사람을 멸시하는 자들에" 대하여 경계하시기를, "멀리 서서 감히 눈을 들어 하늘을 쳐다보지도 못하고 다만 가슴을 치며 이르되 하나님이여 불쌍히 여기소서 나는 죄인이로소이다"(눅 18:9-14)라고 기도한 사람이 더 의롭다 하심을 받으리라고 말씀하셨다.

공교육을 기독교적인 것으로 대체시키려는 노력은 기독교인들의 오류 가능성을 고려하지 않은 방법이며, 이처럼 자신의 오류 가능성을 배제하는 태도와 방법은 어떤 것이든 기독교적인 방식이라고 볼 수 없다.

2) 보완으로서의 기독교화

그러나 '공교육의 기독교화'라는 말의 의미를, 이처럼 "공교육의 내용과 성경의 가르침을 일일이 일치시켜 나간다"라는 뜻으로 이해하는 사람은 실제로는 거의 없다. 기독교인 대부분은 이보다 훨씬 온건하고 현실적인 태도를 보인다. 그것은 공교육을 기독교적인 것으로 대체한다는 입장이 아니라, 공교육에 부족하고 모자란 것들을 기독교가 더해주고 채워준다는 입장이다.

이들은 기독교적인 것들을 공교육에 첨가하고 보완함으로써, 공교육이 하나님 보시기에 보다 온전한 것이 되도록 돕는 것이 바로 '공교육의 기독교화'라고 생각한다. 예를 들어 진화론과 비기독교적 철학 및 역사관, 경제관 등을 교육 내용에서 삭제해 버리자는 것이 아니고, 창조론과 기독교적인 철학관·역사관·경제관 등을 공교육의 교육 내용 속에 첨가하자는 생각이다.

　이들은 창조론이 진화론과 동등한 권위를 지닌 것으로 가르쳐지고, 종말론 및 삼위일체론이 다른 역사관 및 철학들과 동등한 정도로 취급되기를 바란다. 물론 이 일도 그리 쉬운 것이 아니지만, 이것은 지극히 온건하며 현실적으로 볼 때 실현될 가능성이 상당히 높은 방법이다. 그러나 세상적인 것에 기독교적인 것이 약간 첨가된 이러한 공교육을 가지고서, 청소년들을 예수께서 바라셨던 '이 세상의 빛과 소금'으로 훈련해 낼 수 있으리라고 믿을 사람은 아무도 없다. 우리는 다른 길을 찾지 않으면 안 된다.

3) 모범으로서의 기독교화

　예수님은 이 세상을 '대체'하려고 오신 것이 아니다.
　예수님은 "내 나라는 이 세상에 속한 것이 아니니라"(요 18:36)고 말씀하셨고, 또한 "가이사의 것"(마 22:21)을 인정하셨다. 예수님은 세상 끝날 때까지 하나님의 아들들과 이 세상의 아들들이 공존하도록 허락하셨다(마 13:24-30, 36-43).
　예수님은 이 세상을 '대체'하기 위해서 오신 것이 아닐뿐더러 이 현실 세계를 '보완'하기 위해서 오신 것도 아니다. 그는 이 세상이 보고 따를 '모범'으로 오셨으며, 그의 제자 된 우리도 이 세상의 모범이 되게 하려고 부르셨다.
　'대체한다' 든가 '보완한다' 라는 것은 공존을 허락하지 않는다. 그러나 '모범'은 공존을 허용한다. 이러한 관점에서 보면 '공교육의 기독교화'라는 말의 의미는, 공교육을 기독교적인 것으로 개혁하거나 공교육에 기독교적인 것을 덧붙인다는 뜻이 아니라, 우리 스스로가 기독교적인 모범을 보임으로써 공교육이 우리의 모습을 보고 자발적으로 따라오게 한다는 뜻이 된다.

우리는 예수께서 비유 가운데 가라지를 뽑지 말라고 금하셨던 것이 가라지를 위해서가 아니라 '곡식들'을 위해서 내리신 조치였음(마 13:28-30)을 기억해야 한다. '공교육의 기독교화'는 공교육을 위한 것이어서는 안 된다. 그것은 바로 우리 자신들이 올바로 되기 위한 것이어야 한다.

따라서 우리는 공교육을 기독교적으로 변화시키려는 것보다 우리 자신이 기독교적 모범을 보이는 일에 더욱더 몰두하고 전념해야 한다. 기독교 교육이 이 세상에 모범으로서 존재해야 한다는 말은, 이 세상의 일들을 보고 판단하고 하는 방법들을 공교육을 통해서가 아니라 우리가 직접 연구하고 가르쳐야 한다는 것을 뜻한다.

오늘날 기독교 교육을 담당과 있는 교육 주체들로는, 교회를 중심으로 한 '교회학교'와 공교육에 종사하고 있는 '기독교인 교사 또는 기독교 단체'의 두 가지가 있다. 이제부터는 기독교 교육의 본질에 관한 이상과 같은 규정에 따라서 기독교 교육의 담당자들이 과연 이러한 기독교 교육을 잘 감당할 수 있는지 검토해 보기로 하겠다.

6. 기독교 교육의 담당자들

1) 교회학교

오늘날의 교회학교는, 공교육 앞에서 기독교적 모범을 보이는 일을 감당하기에 많은 한계점을 지니고 있다.

첫째, 교육 시간이 절대적으로 부족하다.

기껏해야 일주일에 3-4시간밖에는 교육할 시간이 없다. 그것도 상당 부분이 예배를 드리는 일에 할당된다. 물론 예배 자체도 교육이지만, 예배를 통해서 이 세상의 일들에 관해 구체적으로 배우기를 기대할 수는 없다. 설교는 모든 계층을 상대로 하나님의 말씀을 선포하는 것이기 때문에, 설교를 통해서 이 세상의 일들에 관한 구체적인 지식을 습득하는 데에도 커다란 한계가 있다.

그러한 지식에 관한 보다 체계적인 습득은 분반 공부 시간을 통해서나 기대할 수 있는데, 그 시간도 기껏해야 일주일에 1-2시간 정도에 불과하다. 사실 이 시간으로는 성경 자체를 가르치고 배우는 것도 제대로 할 수가 없다.

둘째, 교회학교의 교육 내용에도 문제가 있다.

교회학교의 교육 내용은 그 대부분이 종교 활동 또는 교회 활동에 관한 것들이다. 이 세상의 여러 가지 일들을 논하고 배우고 익힐 여지가 그 안에는 없다. 우리는 교회의 빛과 소금으로 부르심을 받은 것이 아니라, 이 세상의 빛과 소금으로 부르심을 받았다. 우리는 주의 어린이들을 교회와 종교에만 열심히 하는 사람들로 만들어 갈 것이 아니라, 이 세상의 빛이요 지도자들로 키워나가야 한다. 세상 사람들이 이들을 보고 예수쟁이라고 경멸하기보다, 그들의 인격과 지혜 앞에 머리를 숙이고 따를 수밖에 없는 모범자들로 키워나가야 할 것이다.

기독교 교육은 단순히 비기독교인을 기독교인으로 개종시킨다거나 기독교인을 종교 활동의 전문가로 양성시킨다는 것을 목적으로 삼아서는 안 된다. 기독교 교육의 참된 목적은 기독교인들이 이 세상의 모든 일을 하나님 보시기에 아름답고 온전한 방법으로 보고 판단하고 할 수 있도록 단련시킨다는 데 있다.

셋째, 교회학교 교육 내용의 질적 수준에도 문제가 있다.

이것은 앞의 둘째 문제와도 맞물려 있는 문제다. 오늘날의 교회교육은 교회의 지도자 양성보다는 평신도 양성에 중점을 두고 있다. 따라서 그 교육은 다분히 초보적이고 피상적이며 반복적인 상태를 벗어나지 못한다. 히브리서의 다음과 같은 말씀은 교회교육의 이러한 상태를 너무도 적절하게 묘사하고 있다.

여러분은 벌써 오래전에 남을 가르치는 사람이 되었어야 할 터인데, 하나님의 말씀의 초보적 원리를 남에게서 다시 배워야 할 처지다. 단단한 음식을 먹지 못하고 아직도 젖을 먹어야 할 형편이다. 젖을 먹어야 할 사람은 아직 어린아이이니 옳고 그른 것을 분별할 능력이 없다. 그러나 성숙해지면, 단단한 음식을 먹게 된다. 성숙한 사람은 훈련을 받아서 좋고 나쁜 것을 분간하는 세련된 지각을 가지고 있다. 그러므로 우리는 그리스도교의 초보적 교리를 넘어서서 성숙한 경지로 나아갑시다. 이제 와서 죽음에 이르는 행실을 버리고 돌아서는 일과 하나님을 믿는 일과 세례와 안수 그리고 죽은 자들의 부활과 영원한 심판과 같은 교리를 다시 배우는 일은 없도록 하자. 하나님께서 허락하시는 대로 우리는 성숙한 지경으로 나아가야 한다 (히 5:12-6:3, 공동번역).

교회학교가 이 세상 앞에서 기독교적 모범을 보이려면, 이상에서 지적한 문제점들을 해결해야 한다. 교육 시간을 충분히 확보해야 하며, 교육에서 다루는 영역을 확장하고, 그 질적 수준의 깊이와 높이를 크게 향상시킴과 동시에 교육의 목적을 지도자 양성에 두어야 한다.

교육을 위한 충분한 시간을 확보하기 위해서는, 교회교육의 중심지를 교회당에서 기독교인의 각 가정으로 전환시킬 필요가 있다. 가정은 교육 시간이 풍부할 뿐만 아니라, 장소의 협착성도 거의 문제가 되지 않으며, 부모의 아동에 대한 교육적 영향력도 활용할 수 있기 때문이다.

교회는 기독교 가정교육의 모형과 프로그램 개발에 진력해야 하며, 교회학교의 교육은 바로 그러한 가정교육을 지원하는 중요한 일부분으로서 운영되어야 할 것이다. 이 일을 위해서는 먼저 부모들이 거듭나야 할 것이며, 교회는 기독교 가정교육을 위하여 부모들과 함께 기도하고 협의할 뿐만 아니라, 그들을 교사로서 훈련시켜 나가야 할 것이다.

교회교육의 내용도 선교 중심에서 생활 중심으로 전환되어야 한다. 이 일을 위해서는, 인간의 삶의 여러 가지 영역에 걸쳐 기독교 문화의 발굴과 창조의 작업이 계속되어야 하며, 이러한 노력의 결과들은 기독교 교육의 중요한 내용으로서 교회교육 과정에 체계적으로 편입되어야 한다.

또한, 교회학교에는 뛰어난 재능을 지니고 있을 뿐만 아니라 교회의 지도자가 되기를 열망하는 어린이들을 이 세상의 빛과 소금으로 키우는 특별한 교육 프로그램들이 있어야 한다. 예컨대 헬라어나 히브리어 등 성경 연구에 필수적인 언어들은 신학대학 과정에서가 아니라, 교회학교에서 어렸을 때부터 제공되어야 한다.

이 일을 위해서는 중세의 교육 과정을 연구하는 것이 도움이 될 것이다. 왜냐하면, 중세의 교육은 신을 올바로 아는 사람을 길러내기 위한 목적을 지니고 있었기 때문이다. 우리는 예수님이 열두 제자를 특별히 택해서 훈련시키셨던 사실을 잊지 말아야 한다.

2) 기독교인 교사

다음으로 기독교 교육의 두 번째 주체에 대해서 살펴보기로 하자. 앞에서 이미 말씀드렸듯이 이들은 공교육에서 활동하는 기독교인 교사 또는 기독교인 단체(예컨대 기독교 계통의 학교)들이다. 참다운 기독교 교육의 담당자가 되기에는 이들도 중대한 한계점을 지니고 있다.

이들은 공교육 체제 안에서 활동하기 때문에 공교육에 충실하지 않을 수가 없다. 공교육의 전 체계를 일단 긍정하고 들어가야만, 기독교적인 것을 조금이라도 덧붙이고 첨가할 수 있기 때문이다. 이들은 공교육 체제 안에서 대부분의 시간과 노력을 세상 학문을 가르치고 전파하는 데 소비하고, 가끔 기회를 보아서 하나님의 말씀을 소개하고 전파한다.

물론 세상 학문을 가르치는 틈틈이 하나님의 말씀을 소개한다는 것은 결코 쉬운 일이 아니며, 몹시 가치 있는 일이기도 하다. 기독교인 교사들은 교회에 나갈 기회를 얻지 못한 많은 청소년에게 효과적으로 그리고 지속적으로 하나님의 말씀을 전할 수 있는 좋은 위치에 있는 것이다. 그러나 대부분 시간과 노력을 세상 학문을 가르치는 일에 기울이고, 틈틈이 하나님의 말씀을 전하는 정도를 가지고서는 청소년들을 이 세상 앞에 내놓을 기독교적 모범으로 길러낼 수 없다.

공교육에서 가르치는 지식 가운데 많은 것들이 기독교인 학자들에 의해 만들어진 것들이며, 현재 학문에 종사하고 있는 학자들의 상당수가 기독교인이기는 하다. 그러나 그들을 기독교인이라고 하는 까닭은 그들의 교회 출석과 그들이 고백하고 실천하는 종교적 신조들에 있는 것이지, 그들이 창안해 내고 주장하는 지식과 학설들에 있는 것은 아니다. 다시 말하면, 그들 개인이 기독교적인 것이지, 그들이 창안해 내고 주장하는 학설들 자체가 기독교적인 것은 아니라는 말이다.

우리는 이러한 학자들을 '기독교인 학자'라고 부를 수 있다. 교회는 기독교인 교사들과 기독교인 학자들로서도 만족할 수 있겠지만, 기독교 교육은 '기독교인 교사'나 '기독교인 학자'로서는 결코 만족할 수가 없다. 기독교 교육은 그들이 창안해 내고 가르치며 전파하는 학설과 지식까지도 기독교적인 '기독교 교사'와 '기독교 학자'를 필요로 한다.

공교육 체제 안에서는 사실 기독교 교사는 그만두고 기독교인 교사가 되기도 어려운 형편이다. 공교육을 찾아오는 학생들은 모두가 다 공교육에서 표방하는 것들을 배워 얻으려고 오는 것이지, 기독교적인 것을 얻으려고 오는 것이 아니다. 따라서 기독교인 교사들은 항상 그들의 눈치를 보아야 하며, 그들의 비난을 모면하기 위해 끊임없이 타협하지 않으면 안 된다.

요컨대, 기독교인 교사들은 공교육 체제 안에서 기독교를 선교할 기회는 상당히 얻을 수 있겠지만, 기독교 교육을 할 기회를 얻기란 지극히 어려운 것이라고 볼 수 있다.

3) 기독교 교육의 새로운 담당자

이상에서 우리는 오늘날 기독교 교육을 이끌어 가고 있는 교육 주체들에 대해서 살펴보았다. 이들은 기독교 교육에 나름대로 공헌을 했고, 앞으로도 그러할 것이다. 그러나 이들은 또한 나름대로 한계점들도 지니고 있다. 공교육에서 활동하는 기독교인들은 세상 학문에 너무 깊이 빠져 있기 때문에, 그 가운데에서 헤어나오기가 어렵다.

반면에 교회학교들은 종교적인 활동들에만 몰두하기 때문에, 세속적인 일들을 돌볼 겨를이 없다. 이제, 이상의 두 교육 주체들이 지니는 이러한 한계점들을 극복할 수 있는 제3의 교육 주체가 출현 되지 않는다면, 기독교 교육은 잎만 무성한 무화과나무(마 21:19)의 신세를 면치 못할 것이다.

다음으로는 기독교 교육의 새로운 담당자가 갖추어야 할 최소한의 조건들에 관하여 말씀을 드리기로 하겠다.

첫째, 교회학교가 공교육에서 빠져나와 있는 것처럼, 이 새로운 담당자는 공교육에서 빠져나와 있지 않으면 안 된다. 공교육 체제 안에 있는 한, 그것이 초등 단계이든 아니면 중등 혹은 고등 단계이든지를 막론하고 우리는 학생들에게 기독교적이기를 마음 놓고 바라거나 요구할 수 없으며, 이러한 기대나 요구를 할 수 없는 상황에서는 결코 참된 기독교 교육을 실험해 볼 수가 없기 때문이다.

공교육에서 빠져나와 있어야 한다는 조건은 커다란 부담을 준다. 그러나 이러한 부담은 우리가 참된 기독교 교육을 실험해 보기 위해서는 지불하지 않으면 안 될 대가이다. 우리는 예수님이 당시의 공적인 교육 기관에서 일했던 교사가 아니었으며 그 제자들을 공교육 기관에 맡기지도 않으셨음을 기억해야만 한다.

둘째, 공교육의 교사들이 이 세상에 관련된 모든 일을 다루고 있듯이, 이 새로운 담당자는 이 세상의 모든 일을 다루어야 한다. 다른 점이 있다면 공교육에서 가르치는 지식과 방법들은 창조주 하나님을 배제하고 성립된 것들이지만, 이 새로운 담당자들이 가르치는 것들은 창조주 하나님이 만물의 주인 되심을 대전제로 삼아 성립된 것들이라는 점이다.

문제는 과연 그러한 학문과 교과가 있느냐 하는 것이다. 오늘날 이러한 교과와 학문은 몇몇 종교 과목을 제외하고서는 찾아볼 수 없다. 창조주 하나님이 만물의 주인 되심을 대전제로 삼고, 모든 교과와 모든 학문을 재평가하고, 재조직하고, 재형성해 나가는 일은 우리 스스로가 해야 한다.

이 일은 사실 불가능에 가까울 정도로 어려운 일이다. 그렇다고 해서, 이 일을 기독교인 교사나 기독교인 학자 개개인들에게만 맡겨 두어서는 더더욱 불가능한 일이 된다. 이 일은 몹시 어려운 일이기 때문에 공동의 노력이 필요하며 그것도 틈틈이 여가에 하는 정도의 셋이 아니라 우리의 전 생애를 바쳐서 하는 노력을 해야 한다.

이 일은 몹시 어려운 일이기 때문에, 단계적으로 해나가야 할 필요가 있다. 대학 수준의 기독교적 학문체계를 수립하기는 무척 어렵다만, 초등이나 중등 수준의 기독교적 학문체계를 수립하기는 비교적 수월하다. 대학 수준의 지식은 사실 우리가 제대로 파악하기에도 벅찬 것들이 많지만, 초중등 단계의 지식은 이미 어느 정도는 속속들이 파악하고 있으므로, 그들을 기독교적인 관점에서 평가하고 재조직하기가 그만큼 수월하다.

그리고 대학 수준에서 혹시 그러한 학문체계를 수립했다고 하더라도, 초중등 단계를 거치는 동안 이미 세상 학문의 사고방식에 젖어버린 학생들을 되돌려 놓기란 또한 보통 어려운 일이 아닐 것이다. 기독교 교육은 초중등 단계에서부터 시작하지 않으면 안 된다. 그런데 초등교육이 의무교육이라는 점을 고려해 볼 때, 현실적으로는 중학교 과정에서부터 시작해야 한다는 결론이 나온다.

과연 이 모든 수고와 노력을 해야 할 필요가 있는가에 대해 의문을 품고 있는 기독교인들이 많다. 이들은 어떤 사람이 예수님께 "선생님, 제 형더러 저에게 아버지의 유산을 나누어주라고 일러주십시오"라고 부탁했을 때, 예수님이 "누가 나를 너희의 재판관이나 재산 분배자로 세웠단 말이냐?"(눅 12:13-14, 공동번역)라고 대답하셨던 것을 상기시키면서, 이 세상에서 무엇을 먹을까 무엇을 마실까 염려하고 애쓰는 것은 비신앙적인 그것(눅 12:29)이라고 주장한다.

예수님은 우리가 하나님의 나라를 구하면 "이 모든 것도 곁들여 받게 될 것이다"(눅 12:31, 공동번역)라고 약속하셨고, 심지어는 "내일 일은 걱정하지 말아라. 내일 걱정은 내일에 맡겨라"(마 6:34, 공동번역)라고까지 말씀하셨다는 것이다.

이들은 기독교는 이 세상의 일들을 어떻게 보고 어떻게 처리해야 할 것인가에 몰두하는 종교가 아니라 하나님의 일에, 다시 말하면 하나님의 보내신 이를 믿는 일(요 6:28-29)에 힘쓰는 종교라고 주장한다. 그리고 이들은 또한 우리가 하나님의 일에 힘쓰기만 한다면 이 세상의 다른 모든 일은 하나님께서 책임져 주실 것이라고 주장한다.

그러나 "하나님의 보내신 이를 믿는다"라는 것을 교회활동이나 종교 활동과 동일시해서는 결코 안 된다. 하나님의 보내신 이를 믿는다는 사람은 또한 그의 행하시는 일을 행해야 한다(요일 2:6). 예수님은 단순히 '종교가'에 그치는 분이 아니다. 그는 "보이지 않는 하나님의 형상"이요 "하늘과 땅에 있는 만물 곧 보이는 것은 물론이고 왕권과 주권과 권세와 세력의 여러 천신들과 같은 보이지 않는 것도 모두 그분을 통해서 창조"되었으며 "만물보다 앞서 계시고 만물은 그분으로 말미암아 존속"(골 1:15-17, 공동번역)하는 그러한 분이다. 이러한 분이 우리를 섬기려고 찾아오셨다(마 20:28).

기독교인들은 이 땅 위에서 그분을 대신하여 있는 것이다. "예수님의 이름으로"라는 말은 곧 "예수님을 대신한다"라는 말이다. 그분은 "내가 너희에게 행한 것같이 너희도 행하게 하려 하여 본을" 보이신 분이시다(요 13:15). 이 일을 잘 감당하기 위해서는 "그리스도의 장성한 분량"(엡 4:13)에까지 이르러야 한다. 우리는 그분의 형상을 따라서 "지식에까지 새롭게 하심을 입어야"(골 3:10) 한다.

우리가 이 세상의 일들을 세상의 사람들과 똑같은 방식으로 보고 처리한다면, 단지 교회에 다닌다는 것만을 가지고서는 이 땅 위에서 예수님의 참다운 대행자의 노릇을 할 수 없다.

"누가 나를 너희의 재판관이나 재산 분배자로 세웠단 말이냐?"라는 말씀의 참뜻은 '이 세상의 모든 일을 하나님의 안목과 마음을 가지고 보고 판단하라'는 것임을 알아야 한다.

셋째, 이 새로운 담당자는 창조주 하나님이 만물의 주인 되심을 대전제로 하여 재평가되고 재조직된 이론과 지식을 남에게 가르칠 뿐만 아니라, 자신들이 직접 그 이론과 지식에 입각이여 이 세상을 살아가려고 하는 헌신된 '삶의 공동체'이어야 한다.

예수님은 제자들에게 믿음만을 심어주신 것이 아니라 그들을 향하여 "나를 따르라"라고 부르시고 초대하셨다. 마찬가지로 기독교 교육은 기독교인들에게 지식을 전수해 주는 것들로 그쳐서는 안 된다. 기독교 교육의 담당자들은 기독교인들을 그 헌신된 삶 속으로 초대해 들일 수 있는 '삶의 공동체'이지 않으면 안 된다.

기독교 교육의 목적은 예수님의 숭배자 양성이 아니라, 예수님의 참 제자 양성에 있다. 예수님은 "너희가 내 말에 거하면 참으로 내 제자가 되고"(요 8:31)라고 말씀하셨다. 이 땅 위에서 예수님의 숭배자가 아니라 참 제자로 살기 위해서는, 예수님이 얼마나 위대하신 분인가를 아는 것만으로는 부족하다. 그분의 참 제자가 되려면 무엇보다 자기 자신의 지성과 감성, 행동 그리고 자기 삶의 모든 영역을 기독교적 삶의 모형에 따라 통합하고 통어할 수 있는 능력을 지니고 있지 않으면 안 된다.

그런데 이러한 '삶의 능력'은 기독교적 지식이 쌓이다 보면 자연스럽게 형성되는 것이 아니다. 위대한 피아니스트가 되기 위해서는 무수한 연습이 필요한 것과 마찬가지로, 그러한 능력은 우리의 실제 삶 속에서의 무수한 연습을 통하여 얻게 되는 것이다.

기독교 교육의 담당자들이 만약 수업시간에 기독교적 지식을 가르치는 데 그칠 뿐, 그러한 지식에 따라서 실제로 살아보는 훈련을 할 수 있는 생활 공동체를 형성하고 있지 못하다면, 그들의 교육은 마치 실험실이 없는 과학 교육 또는 연습 없는 음악 교육과 같이 무기력한 것이 되고 말 것이다. 예수님의 제자를 양성하는 일에 필수적인 이러한 '삶의 훈련'을 제공할 수 있으려면, 기독교 교육의 담당자들은 기독교적인 삶의 모형에 따라 살아가는 것을 목적으로 하는 축소된 하나님 나라를 이루고 있어야 한다.

사실 기독교 교육은 원칙적으로, 의로운 '생활 공동체'를 이루어 나가려는 노력과 분리될 수 없는 활동이다. 왜냐하면, 기독교 교육은 불완전한 개인들을 올바른 개인이 되도록 도우려는 것이 아니라, 올바른 지체가 되도록 도우려는 노력이기 때문이다. 올바른 지체가 되는 법은 의로운 '생활 공동체' 속에서만 온전하게 익히고 배울 수 있다.

이처럼 기독교 교육은 자신들의 삶과 생활 속에 하나님의 나라를 건설하겠다는 생생한 소망과 능력을 지닌 공동체 안에서만 꽃필 수 있는 것이므로, 기독교 교육은 기독교적 생활 공동체를 이루어 나가려는 노력과 반드시 병행되어야 한다.

이 공동체는 기독교적 학문과 지식과 문화들을 자신들의 실제 삶 속에서 실천에 옮기고 실험해 봄으로써, 기독교적 학문에 생명력과 실제성을 불어넣어 줄 것이며, 기독교적 학문은 공동체 속에서의 이러한 실험을 바탕으로 하여 더욱 심오해지고 발전할 것이다. 그리고 이렇게 해서 성숙한 학문은 이번에는 다시 그 공동체의 삶 가운데로 되돌려져서 그들의 삶을 한결 새롭게 해줄 것이다.

이처럼, 기독교 교육과 기독교 학문은 단순히 기독교의 유지와 성장을 돕는 후원자에 그치는 것이 아니라, 기독교를 끊임없이 새롭게 하는 개혁자로서 존재해야 한다.

이제까지 우리는 기독교 교육의 본질과 기독교 교육의 담당자들에 대하여 살펴보았다. 그리고 현존하는 교육 주체인 교회학교와 기독교인 교사에 덧붙여, 새로운 제3의 교육 주체가 필요함을 역설했다. 그러나 이것은 이 세 가지 교육 주체들이 대립적이라는 뜻으로 한 말은 결코 아니다. 사도 바울은 "우리가 살아도 주를 위하여 살고 죽어도 주를 위하여 죽나니 그러므로 사나 죽으나 우리가 주의 것이로다"(롬 14:8)라고 했다.

이 세 가지 교육 주체들은 각기 나름대로의 특성과 장점이 있으므로, 각자가 서로 "예수 안에서 선한 일"(엡 2:1)에 힘쓰다 보면 결국은 주 안에서 하나로 연결되어 갈 것(엡 2:21)을 믿는다.

제2장

통합과 진리

그들을 진리로 거룩하게 하옵소서 아버지의 말씀은 진리니이다 (요 17:17).

1. 이끄는 말

먼 옛날 A.D. 1세기경의 어느 4월 아침이었다. 이날 아침 로마의 한 총독은 단 두 마디로 된 아주 짤막한 말을 했는데, 그 말은 오늘에 이르기까지 오랫동안 계속하여 되풀이되고 있다. 예수께서—이분은 진정한 인간이자 또한 구세주이셨다—당시의 로마 총독이었던 본디오 빌라도(Pontius Pilate) 앞에 섰을 때, 빌라도가 물었다.

"진리가 무엇이냐?"

프랜시스 베이컨(Francis Bacon) 경은 "빌라도의 질문은 일종의 조롱하는 말이었다"라고 주장했지만, 그것은 결코 조롱하는 말은 아니었다. 자신을 정면으로 똑바로 바라보면서, "내가 이를 위하여 태어났으며 이를 위하여 세상에 왔나니 곧 진리에 대하여 증언하려 함이로라"(요 18:37)라고 말하는 그 사람 예수께 대하여 사형 여부의 판결을 내려야 했던 빌라도와 같은 처지에 놓이게 되면, 그 누구도 비웃을 만한 기분이 될 수는 없을 것이다. 논쟁적이며 회의적인 질문이었음에는 의심할 여지가 없지만, 조롱하는 말은 결코 아니었다.

총독의 그 질문은 새로운 것이 결코 아니었다. 그것은 벌써 수백 년 동안이나 무수한 현인들과 철학자들이 해왔던 질문이었다. 또한, 총독의 그 질문이 그 이후로는 사라져 버린 것도 아니다. 예루살렘에서 그 일이 있었던 그날 이후 오늘에 이르기까지 그 질문은 이러한 형태 혹은 저러한 형태로 철학자, 과학자, 시인, 교사 그리고 사려 깊은 온갖 부류의 사람들의 마음 가운데 있었고, 그들의 입에 오르내렸다. 그것은 참으로 오래된 질문이며, 인간의 영혼이 품고 있는 영원한 질문이다.

이 강좌에서 나는 앞으로 이 질문에 대한 대답을 기독교 교육과 관련지어 검토하려고 한다. 기독교 교육은 기독교회에 맡겨진 중대한 책임 가운데 하나로서, 젊은이들을 하나님의 진리 안에서 그리고 지혜의 근본이 되는 '여호와에 대한 경외감' 가운데서 양육하고 훈련하는 것을 말한다. 필자는 이 강연을 특별한 사명감을 가지고 준비했으며, 여러분들도 아마 나의 이러한 심정을 이해하실 수 있을 것이다.

그러나 다른 한편으로 이 일은 필자에게 부끄러운 마음도 가져다주었다. 기독교 교육이라는 분야에서만 줄곧 30여 년이라는 세월을 보냈다고 하지만, 기독교 교육이라는 분야는 너무도 광대한 영역이기 때문에 아직도 모르는 부분들이 더 많다. 이러한 상태에 있는 사람으로서, 기독교 교육에 대하여 예언 자연 하는 태도로 말해야 하는 것은 아주 쑥스러운 일이기 때문이다. 이는 애버딘(Aberdeen)의 제임스 스토커(James Stalker)가 '절교'에 대해 강연하는 가운데 다음과 같이 말한 것과 같다.

> 제가 여러분 앞에서 강연할 수 있을 만한 정도에 도달했다는 생각은 조금도 없습니다. 왜냐하면, 나 스스로 보기에도, 나는 언제나 이제 막 배우기 시작하는 사람인 것처럼 여겨지기 때문입니다.[1]

동시에 나는 내가 말하려는 것들이 개인적 신념에 속한 것들이라는 점도 인정을 해야만 할 것 같다. 왜냐하면, 기독교인들이 '진리'라고 말하는 것은 필자가 말하려고 하는 것들과는 다르기 때문이다. 기독교에서 말하는 진리는, 하나님께서 우리에게 주신 위대하고도 진실된 가르침들로서, 우리의 믿음의 대상이 되는 것들이다. 기독교는 하나님에 의해 계시된 종교이지, 인간이 고안해 낸 것은 아니다. 그러므로 기독교인들이 지니는 신념들은 본래 믿음에 근거하는 것들이다.

그러나 비록 믿음에 토대를 둔 신념들이라고 할지라도, 우리가 그러한 신념들을 '매일의 일상적인 삶과 직업'이라는 실험실 가운데서 실천하고 익혀나갈 때만, 그 신념들이 더욱더 완전하게 우리 자신의

---

1 James Stalker, *The Preacher and His Models* (London, 1891), p. 3.

것이 된다는 말도 틀린 주장은 아니다. 이 강좌도 믿음의 결과로 얻어지는 그러한 기독교적 신념들을 그 토대로 하고 있다. 그러나 이 강좌의 토대가 되는 기독교적 신념들은, '하나님의 진리가 존중되거나 혹은 무시될 때, 교육적으로 어떠한 일이 일어나는가?' 하는 것을 실제 현실 속에서 경험함으로써 성숙하여진 신념들이기도 하다.

2. 강연의 주제에 관하여

『하나님의 진리 구조: 기독교 교육에서의 통합의 문제』(*The Pattern of God's Truth: Problems of Integration in Christian Education*, 원서의 제목이다-역주).

아마도 어떤 사람들은 이와 같은 제목이 신학생과 신학 교수 혹은 일반 기독교인 독자들과 도대체 어떠한 관련성을 가지는 것인지 의아스럽게 생각할 것이다.

과연, 모든 목회자와 선교사, 신학생 그리고 신학 교수들이 기독교 교육에 관여해야만 하는가?

더욱이 모든 기독교인이 기독교 교육에 관심을 가져야만 하는가?

성경은 '그렇다'라고 대답한다. 성경 용어 색인을 조사해 보면, '어린이'(child) 또는 '어린이들'(children)이라는 말만 하더라도 성경에 수백 번씩이나 쓰였음을 쉽게 알 수 있다. 그리고 이것은 성경이 청소년들에 관한 이야기들을 여러 가지로 많이 했음을 보여준다.

아마 언젠가는 사려 깊은 기독교 교육학도가 나와서 청소년들에 관한 성경의 모든 기록을 철저히 연구함으로써 하나님의 말씀 안에 표명된 청소년 훈련의 원리들을 찾아내고, 그 원리들을 실제 교육현장 속에서 귀납적으로 발전시켜 나갈 날이 올 것이다. 그때에는 기독교 교육에 관한 탐구가 곧 기독교 사상에 대한 하나의 중대한 공헌임이 밝히 드러날 것이다.

그러나 현재로서는 에베소서 4장의 말씀만으로도 강연 내용의 적합성이 충분히 보장된다고 생각한다. 사도 바울은 그리스도의 선물을 열거하는 가운데, 11절[2]의 "목사와 교사"를 꼽았다. 알포드(Alford) 학장은, 헬라어 성경을 보면 이 경우에 그 두 직분은 같은 사람이 담당하는 것이라는 점이 명백히 드러난다고 주장했다.[3]

요컨대, 사도, 선지자, 복음 전도자들은 각각 별개의 직책인 것으로 떨어져 있는 데 반하여, "목사와 교사"는 문법적으로 그리고 논리적으로도 역시 떨어질 수 없는 한 몸이라는 말이다. 이러한 결론은 내가 자의적으로 내린 것이 결코 아니다. 목사는 그 하는 일이 무엇이 되었든지 간에, 어쨌든 청소년들을 다룹니다. 가정마다 청소년들이 있는 것은 아니지만 교회마다 어린이들이 있다. 교회는 교회학교를 가진다.

그리고 교회에 다니는 청소년들은 또한 세속학교에도 다니는데, 그들이 학교에 가서 받는 세속 교육은 기독교에 대한 청소년들의 태

---

[2] 엡 4:11, "그가 어떤 사람은 사도로, 어떤 사람은 선지자로, 어떤 사람은 복음 전하는 자로, 어떤 사람은 목사와 교사로 삼으셨으니"-역주.
[3] Henry Alford, *The Greek Testament* (Boston, 1878), vol. III, p. 117.

도와 반응에 상당한 영향을 끼친다. 선교사업의 관점에서 볼 때, '가르치는 일'은 이처럼 '복음 전하는 일'과 떨어지려야 떨어질 수 없는 밀접한 관련성을 지닌다.

그런데 청소년들은 교회와 학교 이외에도 가정과 지역사회로부터 비공식적이지만 흔히 결정적인 영향력들을 끊임없이 받는다. 청소년들의 부모, 형제, 자매, 친구들은 어떤 교사보다도 더 강력한 교육적 영향력을 청소년들에게 행사한다.

요컨대, '교육'은 이러한 형태로든 혹은 저러한 형태로든 항상 계속되는 것이며, 삶 그 자체와 마찬가지로 불가피하다. "교육은 학교의 교실 안에서만 이루어지는 것"이라든가 혹은 좀 더 넓게 생각해서, "학교의 담장 안에서 이루어지는 것"이라는 생각은 교육에 대한 가장 널리 퍼져있는 오해 가운데 하나다. '교육'은 실제로는 삶에 대한 우리의 경험 그 자체와 마찬가지로 단절됨이 없는 폭넓은 과정이므로, 청소년과 만나는 모든 사람은 알게 모르게 그들을 교육하고 있다.

그러므로 교육에 관심이 없는 목회는 절름발이 목회라고 말할 수 있으며, 그리스도를 위한 대사들로 부름을 받은 우리로서는, 우리의 부름을 받은바, 그 목적과 그토록 생생한 관련성을 지니는 기독교 교육과 같은 일에 깊은 관심을 가지지 않을 수 없다.

3. 통합이란?

앞에서 우리는 주제의 적합성을 검토했다. 이제부터는 그 주제의 내용을 좀 더 자세히 분석하려고 한다. 얼핏 보면, 본 강연은 '하나님의 진리'와 '통합'이라는 서로 다른 두 개의 주제를 다루는 것처럼 보인다. 그러나 실제로는 이 둘은 서로 밀접히 관련되어 있다. '하나님의 진리'는 미치지 않는 곳이 없으므로 어떠한 교육도 하나님의 진리와의 관련성을 벗어날 수 없다. 기독교 교육에서 '통합'이라는 문제가 대두되는 까닭이 바로 여기에 있다.

통합(Integration)이라는 말은 '서로 떨어져 있는 별개의 사물들을 연결하여, 온전한 하나가 되게 하는 것'이라는 뜻이다. 본 강연의 목적은 기독교 교육의 몇 가지 중요한 요소들이 어떻게 전 포괄적인 하나님의 진리 안에서 하나로 통합될 수 있는가를 보여줌으로써 '통합'이라는 문제에 하나의 해결책을 제시하려는 것이다.

요시아 로이스(Josiah Royce)가 지적했듯이, 모든 개념은 각각 내적인 의미와 외적인 의미를 지니며, 기독교 교육도 예외가 아니다.[4] 여기에서 '외적인 것'이라는 말은 '표면적인 것'이라는 뜻이라기보다 '밖에 초월하여 있는(즉 내적인 의미가 지향하는 또는 지향해야 할) 어떤 것'이라는 뜻이며, 이렇게 볼 때 기독교 교육의 외적 의미는 하나님의 진리다.

---

4 Emile Cailliet, *The Christian Approach to Culture* (New York, 1953), p. 32.

하나님의 진리는 객관적이다. 우리가 그것을 알고 있거나 모르고 있거나, 이해하고 있거나 오해하고 있거나, 믿거나 의심하거나, 가르치고 있거나 금지하고 있거나의 일들과는 아무런 상관이 없이, 하나님의 진리는 여전히 하나님의 진리다.

그리고 우리가 하나님의 진리를 깨닫게 될 때, 우리는 비로소 그것이 다름 아닌 우리가 아는 혹은 알 수 있는 모든 것의 토대임을 발견하게 된다. 존 헨리 뉴먼(John Henry Newman)이 말했듯이, "종교적 진리는 보편적 진리의 한 부분일 뿐만 아니라, 보편적 진리의 한 전제 조건이기도 하다."[5]

기독교 교육의 내적인 의미는 이와는 아주 다르다. 그것은 우리가 지닌 부분적이고 불완전한 생각들을 의미하며, 교육의 내부에서 실제로 이루어지는 일들, 즉 교육의 모든 과정, 크고 작은 모든 교육 정책 및 방법들과 관련된다. 그런데 기독교 교육은 내적인 의미로 교육의 내부에서 실제로 일어나는 일들과 관련되어 있지만, 다른 한편으로는 외적인 의미를 향해 나아가려고 하는 지향성을 지니는 것이기도 하다.

"내적인 의미는 외적인 의미를 향하는 지향성을 지닌다"라는 주장은 본 강연에서 검토하려고 하는 '통합'이 갖추어야만 할 한 가지 중요한 조건을 제시해 준다.

한편으로, 하나님의 진리는 실제 기독교 교육의 상태가 어떠하며 또 무슨 일을 하고 있느냐는 사실과는 독립적으로 존재하는 것이라

---

[5] John Henry Cardinal Newman, *The Idea of a University* (London, 1901), p. 70.

는 점에서 '외적인' 것이다. 그러나 다른 한편으로, '통합'이 진전됨에 따라, 내적인 의미가 외적인 의미에 병합된다는 점에서 보면 내적인 의미는 비록 외적인 의미에 항상 종속됨을 면할 수는 없지만, 자신을 초월하여 있는 이 '외적인 것'과 생생한 유기적 연합을 이루고 있다. 이것이 바로 '통합'의 핵심이요 요체다.

이 점을 더욱 잘 이해할 수 있도록 한 가지 예를 들겠다. 천문학의 경우가 바로 그 좋은 예다. 천문학은 꼭 태양계에만 관련된 것이 아니다. 그것은 이 광대무변한 전 우주의 모든 별자리와 관련된 것이다. 이 무수한 별자리들은, 다른 모든 창조물이 그러하듯이, 이 모든 것을 만드신 조물주 하나님의 무한하신 능력과 신성을 보여준다. 이 전 우주의 모든 별자리가 바로 천문학의 외적인 의미요 그 토대다.

그러나 그 반면에 천문학자들은 이 조그마한 지구 위에 발을 붙이고 서서, 거의 무한하다고 할 수 있는 그러한 세계를 향하여 한 걸음씩 그리고 하나씩 진리들을 발견해 나간다. 천문 연구에 종사할 때에, 그들은 천문학의 내부에서 존중되는 법칙들과 방법들을 따를 뿐만 아니라, 동시에 자신의 연구가 천문학의 외적 실체인 이 우주와 참다운 조화를 이루도록 노력한다. 따라서 천문학자들이 발견해 낸 것들은 이 광대한 외적 세계의 본연의 한 부분으로서의 올바른 자기 위치를 찾아나가는 것이다.

기독교 교육에서의 통합도 역시 그러하다. 기독교 교육에서의 '통합'은 교과, 교육방법, 교육 행정 그리고 교직원들이 영원하고 무한한 하나님의 진리와 생생한 유기적 연합체를 이루어 나가는 과정이다. 앞에서 이미 말씀드린 바와 같이, 이것이 바로 통합의 핵심이요 요체다.

사실 '통합'은 교육의 커다란 문젯거리다. 따라서 우리는 이 문제를 되는대로 아무렇게나 다룰 수가 없다. 떨어져 있는 각각의 부분들을 연합하여 하나의 생생한 유기체로 만들어 내야 하는 '통합'은 기독교 교육뿐만 아니라 다른 모든 교육에서도 문제 중의 문제다. 그리고 이 말은 조금도 과장된 것이 아니다. 오늘날 우리의 학교와 대학들을 둘러싸고 있는 온갖 어려움과 혼란 그리고 무력함을 잘 살펴보면, 그 이면에는 언제나 '통합'이라고 하는 이 골치 아픈 문제가 놓여있음을 발견하게 된다.

'통합'을 이룰 방법은 무엇일까?

교육의 원자재인, 여러 가지 다양한 교육적 구성요소들을 올바르게 통합할 방법은 무엇일까?

이러한 질문들이 바로 정박지에서 벗어나 아무런 목적도 없이 미지의 바다를 떠다니기를 고집하는 세속의 교육자들을 괴롭히고 있는 질문들이다. 콜롬비아대학의 캔들(Kandel) 교수는 "교육의 목적과 목표를 어떻게든 규정해 보려는 끊임없는 집착만큼 미국 교육의 불확실성과 불안전성을 잘 묘사하는 것도 없다"라고 말했으며,[6] 스콧 부캐넌(Scott Buchanan) 박사는 솔직하게 다음과 같이 시인했다.

---

6   *Goals for American Education* (New York, 1950), p. 508.

우리는 교육에서 꼭 배워야만 할 것이 무엇인가를 모르고 있다. 우리는 잡다한 지식을 하나의 통합된 지식으로 만들어 줄, 지식의 참된 구조와 토대를 아직 찾아내지 못하고 있다.[7]

또한, "자유 사회에서의 일반교육"이라는 하버드 보고서의 저자들은 다음과 같이 주장했다.

대학이나 학교들이 다양하면서도 잘 통합된 교육을 하기 위해서는, 쉽사리 해체되지 않을 만큼 견고하면서도 모든 다양한 요소들을 하나로 묶을 만큼 포괄적인 논리체계와 틀이 필요하다. 이러한 체계와 틀을 수립하기 위한 탐구가 계속되고 있으며 또 계속되어야만 한다.[8]

아마 그들은 계속해서 그래야만 할 것이다. 하나님과 그의 진리의 말씀을 의도적으로 벗어나려고 해온 세속 교육은 결국 끊임없이 찾아 헤매기만 할 것이며, 바울이 디모데후서에서 말한 것처럼 "항상 배우나 마침내 진리의 지식에 이를 수 없게" 될 것이다.

오늘날 공립 학교 체제의 기간을 이루는 세속 교육은, 순수히 사회학적이며 자연과학적인 지식을 토대로 해서 그들의 교육을 통합하려고 무척 애를 썼지만, 그 모든 노력에도 그들의 교육은 여전히 구심점을 잃은 채 분열적인 증상을 보인다. 세속 교육은 하나님과 그의

---

[7] Ibid., p. 143.
[8] *General Education in a Free Society* (Cambridge, 1945), p. 40.

진리의 말씀에 등을 돌리고 교육의 외적인 의미를 포기함으로써, 결과적으로 그 내적 의미를 통합시킬 능력도 상실해 버렸다.

기독교 교육의 상황은 이와는 다르다. 비록 여러 가지로 부적합하고 여전히 실패하고 있으며 여러 가지 문제점을 안고 있지만, 기독교 교육은 그래도 자신을 묶어둘 수 있는 어떤 외적인 존재를 가지고 있다. 물론 기독교 교육에서도 '통합'이라는 것이 문제이지만, 기독교 교육에서의 '통합'의 문제는 세속 교육에서의 '통합'의 문제와는 아주 다른 문제다. 기독교 교육은 통합의 구심점을 찾아다닐 필요가 없다.

왜냐하면, 기독교 교육은 그것을 이미 가지고 있기 때문이다. 우리 기독교인들은 성경이 하나님의 말씀이며 이 우주는 살아계신 하나님의 창조물임을 믿으며, 또한 인간의 타락과 속죄, 믿음에 의한 의인, 부활의 확실성 그리고 믿는 자들이 예수 안에서 교회라는 한 몸을 이룸 등과 같은 진리를 중심되는 진리로 삼는다. 우리 기독교인들은, 세속의 교육자들이 열심히 찾고는 있으나 결코 찾을 수 없는 그 해답을 이미 가지고 있다.

따라서 기독교 교육과 이 강연에서의 '통합'의 문제는, 통합의 참된 구심점을 발견해야 하는 문제라기보다는, 통합의 참된 구심점을 교육에 올바로 적용해야 하는 문제다.

지금부터는 기독교적 교육관을 지닌 우리의 마음에 혹시 어떤 자만심 같은 것이 자리 잡고 있지 않은지 검토해 볼 필요가 있다. 성경이 밝히 보여주는 바와 같이, 기독교 교육에서의 통합의 구심점은 옛

신앙의 조상으로부터 이어져 내려온 하나님께 대한 믿음이다. 따라서 우리는 '통합'이라는 문제에 대해서는 항상 겸손한 태도를 보일 수밖에 없다. 우리의 우리 됨은 오직 하나님의 은총이기 때문이다.

기독교 교육이 지닌 통합의 관점은 분명히 새로운 것이 아니며 독창적인 것도 아니다. 미국의 경우를 본다고 하더라도 과거에 이미 우리가 지닌 것과 같은 신앙을 바탕으로 해서 기독교 교육을 했다. 유서 깊은 대학들을 한번 살펴보면 우리는 그들이 예외 없이 성경적 가르침에 토대를 두었으며, 또 성경적 가르침들은 그들의 교육 활동 속에서 실제로 살아 움직이는 원리들이었다는 사실을 곧 알아차릴 수가 있다.

몇 가지 예를 들어보겠다. 하버드(Harvard)대학교는 복음 선교사를 양성하기 위하여 1636년에 설립된 학교다. 1650년의 하버드대학교 헌장을 보면, "하버드는 영국민과 인디언 젊은이들에게 지식과 신앙(godliness)"을 가르치기 위해 설립되었다. 그리고 하버드대학교의 교훈은 '그리스도와 교회'(Christo et Ecclesiae)였다.

예일(Yale)대학교는 하버드가 설립된 지 64년 후에 하버드가 신앙의 바른길을 벗어나고 있다고 우려하던 사람들에 의해서 설립되었다. 컬럼비아(Columbia)대학교는 1754년에 출범했는데, "청소년들이 예수 그리스도 안에서 하나님을 온전히 알도록 이끄는 것"을 그 설립 목적으로 삼았다.

이러한 예들은 여기에 그치지 않는다. 윌리엄과메리(William and Mary)대학교, 프린스턴(Princeton)대학교, 다트머스(Dartmouth)대학교, 럿거스(Rutgers)대학교 그리고 그 밖의 다른 오래된 대학들은 모두가 그와 같은 종교적인 설립 목적들을 지닌다.

또한, 각종의 기독교 교단들이 세운 대학들과 특히 바사르(Vassar)여대, 스미스(Smith)여대, 웰러슬리(Wellesley)여대, 마운트홀리요크(Mt. Holyoke)여대 등과 같은 여자대학들도 마찬가지다. 이러한 일들에 대해 회상을 하는 동안 우리는 조금이라도 다음과 같은 자만심에 빠지지 않도록 조심해야 한다.

즉 "우리야말로 선택받은 유일한 민족이며, 우리만이 참 진리를 소유하고 있으며, 모든 인류 가운데 우리만이 교육을 통합할 수 있는 참된 구심점을 발견했다"라고 생각해서는 안 된다. 우리가 한 일은 결코 그러한 종류의 일이 아니기 때문이다. 우리가 한 일이란 기껏해야 우리 인류가 잃었던 것을 되찾은 것에 불과하며, 그것조차도 하나님의 은총을 힘입어서 된 것이다.

그러니 우리가 구태여 무엇인가를 우리 자신의 힘으로 이루었다고 내세워야 할 까닭이 어디에 있겠는가?

기독교 교육이 오늘날 소유하고 있는 그 신앙적 원리가 제공하는 학습의 모형은 역동적(dynamic)인 동시에 폭넓은 것이어서 물질적이며 파괴적인 시대조류 속에서도 도덕적이며 영적인 성숙을 가능케 하며, 우리는 모든 종류의 지식을 능히 포괄할 수 있게 한다는 사실만으로도 만족할 수 있다.

4. 반성적 고찰

그렇다면 이 말은 우리가 통합의 문제에 관한 한 모든 해답을 다 지니고 있다는 뜻일까?

결코 그러한 뜻은 아니다. 우리가 비록 유일하고도 참된 통합의 원리로 되돌아 왔다고 하더라도, 그 원리를 우리의 실제 삶의 전 영역에 올바르게 적용해야 하는 문제는 여전히 남아있다.

따라서 우리가 풀어야 할 문제들도 우리의 실제 삶의 전 영역들이 무수한 만큼 무수한 것이 된다. 신앙적 원리들을 우리의 교육 실세에 적용하는 과정에서 발생하는 온갖 어려움을 해결하고, 온갖 실수들을 바로잡고, 꼭 필요한 사항들을 충족시켜 나가야 하는 것들이 바로 우리가 풀어야 할 문제들이다.

그리고 이러한 문제들은, 이 문제들에 대한 해답은 이미 알고 있지만 아직 실천하고 있지 못하다는 의미에서뿐만 아니라, 이 문제들에 대한 올바른 해답 자체를 아직 모르고 있다는 점에서도 문제들이다.

물론 우리는 기독교 교육이 안고 있는, 아직도 해결되지 않은 어려운 문제들의 해결에 마음을 쓰는 한편, 복음과 하나님의 말씀에 헌신적이었던 학교들과 대학들이 이루어 놓은 업적들을 올바로 이어받는 일에도 노력을 기울여야 한다. 사실 그 업적들만 해도 이미 무시할 수 없을 만큼 커다란 것이며 미국의 교육사에 지워질 수 없는 발자취들을 남겼다.

최근 30년 동안에 수많은 기독교 학교와 기독교 대학들을 세운 일, '기독교 평일학교'(day-school) 운동이 대두된 일, '성경학교'(Bible institute) 및 '성경대학'(Bible college) 들이 교육적으로 많이 성숙된 일, 새로운 신학교들의 형성과 증가, 주일학교가 여러 개로 활기를 되찾게 된 일 그리고 기타 '방학 중 매일 성경학교'(Daily Vacation Bible School), '어린이 복음주의 협회,' '청소년 생명 운동,' '기독 대학생 연합회' 등과 같은 기독교 교육 기관들의 성장 등등이 바로 그러한 업적들 가운데 몇 가지다.

그러나 필자는 지금 그러한 업적들에 관하여 말하려는 것이 아니다. 이 강연은 복음주의적 기독교 교육이 비록 큰 업적들을 남기기는 했지만, 기독교 교육의 이론과 실제의 곳곳에는 바로잡아야 할 심각한 오류들이 아직도 많고, 관심을 두어야 했음에도 방치되었던 중요한 분야들 또한 많다는 자각에서 비롯되었다. 즉 나는 이 강연을 통하여 자기반성과 함께 건설적 사고를 시도하려는 것이다.

자기반성의 필요성은 설명할 것도 없이 명백한 것이며, 기독교 교육이 자기반성을 해야 할 시기도 무르익었다. 물론 지금도 계속 성장하고 있지만, 기독교 교육은 이미 수십 년 동안 성장을 해왔으므로, 이제 스스로를 돌아볼 수 있을 정도로는 성숙했다고 생각한다.

우리는 이제 하나님의 말씀 가운데 계시되어 있으며, 우리의 삶의 여러 가지 다른 통로들을 통하여서도 실증되어 온 그 진리들을 척도로 삼아 우리 자신들을 비추어 봄으로써, 우리가 지닌 문제점들을 직시하고, 나아가서는 용감하고 정직하게 그 해결책들을 찾아나서도록 해야 할 것이다. 사도 바울은 이렇게 말했다.

> 내가 이미 얻었다 함도 아니요 온전히 이루었다 함도 아니라 오직 내가 그리스도 예수께 잡힌 바 된 그것을 잡으려고 달려가노라 형제들아 나는 아직 내가 잡은 줄로 여기지 아니하고 오직 한 일 즉 뒤에 있는 것은 잊어버리고 앞에 있는 것을 잡으려고 푯대를 향하여 그리스도 예수 안에서 하나님이 위에서 부르신 부름의 상을 위하여 달려가노라(빌 3:12-14).

기독교 교육도 마찬가지다. 이미 성취한 업적에 감사하면서도, 다른 한편으로는 이러한 자기반성의 고백을 할 수 있어야 한다. 우리는 사실을 직시해야만 한다.

기독교 교육의 토대가 되는 고귀한 원리들을 교육의 실제에 적용하는 문제에 있어서, 미국의 기독교 교육은 아직도 미숙하고 잘못된 점들이 많다. '하나님 중심의 교육,' '그리스도 중심의 교육' 또는 '성경 중심의 교육' 등등의 말들은 넘칠 정도로 많지만, 실제로는 그러한 교육과 거리가 먼 교육을 하고 있다.

옛 흑인 영가에 "천국에 관하여 이야기하고 있는 사람 치고 천국으로 가고 있는 사람은 하나도 없네!"라는 가사가 있는데, 그와도 유사하게 오늘날에는 "기독교 교육에 관하여 이야기하고 있는 사람 치고 기독교 교육을 하는 사람은 하나도 없네!"라고 말할 수 있다.

물론 이 말은 우리가 기독교 교육을 조금도 행하고 있지 못하다는 뜻은 아니다. 만약 그런 뜻이라면, 그것은 너무 심한 말이 될 것이다. 그런데도 그리스도와 성경을 모든 교육 기관, 모든 교과목, 모든 학생활동 그리고 모든 교육 행정들과 완벽하게 통합시켜야 한다는 기독교 교육의 이상에 비추어 본다면, 개척해야 할 분야가 아직도 많이 남아있음을 부인할 수 없다.

문제는 상당히 많은 기독교 교육 기관들이 모르는 사이에 스스로를 속이고 있다는 점이다. 이 점에 관해서는 신학교들조차 예외가 아니다. 왜냐하면, 성경의 말씀에 대한 가르침이 많은 신학교에서 부차적인 위치에 머물러 있는 상황이기 때문이다.

물론 성경에 '관한' 강좌들은 — 예컨대 성경 비판, 성경 해석학, 성경 언어 등과 같은 강좌들 — 무수히 많다. 그러나 그곳에서 학생들은 명백하고도 직설적인 하나님의 말씀 그 자체에 대해서는 거의 아무것도 배우지 못하고 있다. 이러한 신학교에 다니는 학생들은, 고등비평, 변증신학, 종교철학, 사회학, 예배 진행법 등등에 관해서는 많은 것을 배우면서도, 성경에 대해서는 대부분 '그저 그런 말씀이 있는가 보다' 하는 정도의 지식밖에는 얻지 못한 채 졸업을 하는 수가 많다.

또한, 복음주의적 학교들과 복음주의적 대학들의 경우를 살펴보면, 단지 매일같이 예배를 드린다든가 혹은 신학과가 있다든가 혹은 기독교적인 성격을 띤 학생활동들을 활발히 한다든가 하는 점만으로, 자신들이 그리스도 중심의 또는 성경 중심의 학교라고 믿는 경우가 많다.

그러나 그들은 실제로는 대부분 그러지 못하다. 물론 "복음주의적 학교들과 복음주의적 대학들은 실제로는 대부분 그리스도 중심적 학교가 아니다"라는 평가를 필자가 처음으로 내린 것은 아니다. 그것은 통찰력 있는 여러 다른 사람들이 오래전부터 지적해 온 것이다.

버틀러(Butler)대학교의 고든 클라크(Gordon Clark) 교수 같은 분이 바로 그 좋은 예다. 그는 기독교 대학에 대하여 다음과 같이 논평했다.

> 종교 관계의 논문들을 발간하고, 열렬한 기도 모임을 개최하고, 복음선교단을 파송하며, 기도로써 강의를 시작한다고 할지라도, 실제 그들의 수업을 정평 있는 세속 대학들과 비교할 때 결코 기독교적이라고 할 수 없는 경우가 많다 … 그들의 교육 프로그램들은 이교도적인 교육이라는 알맹이에다가 기독교적인 초콜릿을 덧입혀 놓은 것에 불과하다.
> 그런데 실제 효력은 달콤한 껍질 속에 들어있는 알맹이가 나타내는 것이다 … 학생들은 자신들이 기독교 교육을 받았다고 생각하도록 속고 있지만, 그들이 받은 훈련은 사실은 기독교적이라고 볼 수 없고, 교육적인 것이라고 볼 수도 없다 ….
> 기독교는 단순히 신학과의 종교로 그치는 것이 아니라, 모든 학문 분야의 가르침들을 통하는 권한을 지닌 종교다. 성경의 보편적 원리들은 모든 교과에 적용이 되는 것이며, 몇몇 교과에 대해서는 성경은 아주 구체적인 원리까지도 제시하고 있다. 그러므로 학교의 모든

교과목은 기독교적 원리들을 받아들이려는 의도적인 노력을 통하여 변화되어야 한다.[9]

클라크 교수의 말은 다듬어지지 못했으며, 다소 과장된 것이라는 점은 인정해야 할 것 같다. 그러나 그가 지적한 그러한 상황이 어느 정도 존재한다는 사실도 간과해서는 안 된다. 에드윈 H. 라이언(Edwin H. Rian) 박사는 이러한 상황을 좀 더 조심성 있게 그러나 무척 신랄하게 묘사했다. 그는 이렇게 말했다.

기독교 교육 이론은 기독교의 가르침들이 세계관이자 인생관이지 인간의 삶이나 실제 세계와는 아무런 상관이 없는 단순한 교리들의 집합이 아니라는 점을 자세히 풀어서 설명해 주려는 노력이다.
기독교는 삶의 모든 영역을 포괄한다. 지식의 모든 영역, 삶의 모든 측면과 이 우주의 모든 사실은 기독교 안에서 그 올바른 위치와 그 올바른 해답을 발견할 수 있다. 기독교는 세상 전부를 남김없이 포괄하는 진리의 체계다.
교과목에 종교 과목을 추가시키려는 현재의 기독교 교육계의 노력은, 집에다 차고 하나를 덧붙이려는 것에 비유될 수 있다. 오늘날 지식이라는 빌딩이 필요로 하는 것은 새로운 차고가 아니라 새로운 토대다.[10]

---

[9] *A Christian Philosophy of Education* (Grand Rapids), pp. 208-10.
[10] Edwin H. Rian, *Christianity and American Education* (San Antonio, 1949), p. 236.

클라크 교수와 라이언 박사는 복음주의 진영에 속한 사람들이다. 그러나 이와 같은 견해를 지닌 사람들이 복음주의 진영에만 있는 것이 아니라는 점을 말씀드리는 것이 좋을 것 같다.

복음주의자는 아니면서도, 클라크 교수나 라이언 박사와 같이 '기독교는 하나의 전 포괄적인 체계'라는 명제를 진지하게 받아들이는 사람들이 있다. 이 분야에 관한 중요한 연구들을 수행해 온 하젠(Hazen) 같은 경우가 바로 그 한 예다.

이 재단에서 발간한 출판물들은 비록 자유주의 신학의 관점에서 쓰인 것들이긴 하지만, 다양한 학문 영역들과 기독교와의 통합의 문제에 깊은 관심을 보인다. 물론 이들이 말하는 '통합'은 기독교의 초자연적 특성들을 받아들이는 입장에서의 통합이 아니라 자유주의에 입각한 통합이라는 점은 확실하다. 그러나 이들이 통합의 문제에 대해 진지한 접근을 시도하고 있으며, 명확한 관점 위에서 이루어진 체계적인 제안들을 출판하고 있음도 사실이다.

복음주의자들도 무언가 그에 필적할 만한 규모의 노력을 기울여야 한다. 우리 자신의 입장에만 열중하다 보면, 우리는 분파주의적인 편협성에 빠지기 쉽다. 이러한 편협성에서 벗어나려면, 우리와는 다른 입장에 서있는 자유주의 신학자들이, '통합'의 문제에 관한 한 우리보다 앞서 있다는 현실을 인정해야 한다.

이러한 현실을 인정한다고 해서, 우리의 믿음이 무디어지는 것도 아니고, 성경의 위대한 가르침만이 통합의 참다운 구심점이라는 우리의 확신에 어떤 변질이 오는 것도 아니다. 그러한 현실을 인정하는 것은 오히려 하나님의 진리라는 포괄적 체계를 교육의 전 영역에 적용시키는 노력을 시작할 수 있도록 우리를 자극하는 좋은 계기가 될 것이다.

5. 하나님의 진리, 그 말의 의미

지금까지는 기독교 교육의 문제를 현실에 초점을 맞추고 살펴보았다. 그러나 이제부터는 기독교 교육이 나아가야 할 방향에 초점을 맞추고 생각하려고 한다. 기독교 교육이 나아가야 할 방향을 탐색하기 위해서는 먼저 '기독교 교육의 통합 원리가 어떤 특성을 지니고 있는가?'라는 점을 살펴볼 필요가 있다.

기독교 교육에서의 통합의 구심점은 그리스도와 성경이다. 그리스도와 성경이 통합의 구심점이라는 말은 '하나님의 진리'가 곧 모든 기독교 교육의 토대라는 뜻이다. 이 말은 기독교 교육에 종사하는 우리가 '하나님의 진리'에 관하여 좀 더 철저하고 깊게 생각해야 한다는 점을 일깨워 준다.

그러면 지금부터 기독교에서 말하는 진리와 그 특성에 관하여 생각해 보겠다. 기독교인이라면 어느 사람도 그리스도가 진리의 화신임을 부인하지 못할 것이다. "진리가 무엇이냐?"라는 빌라도의 질문에 대한 대답은, 주님이 제자들과 최후의 만찬을 드시던 자리에서 이미 해주셨다. 주님은 "내가 곧 길이요 진리요 생명이니"(요 14:6)라고 말씀하셨다.

그러나 오직 그 말씀 때문에 우리가 그리스도를 진리와 동일시하는 것은 아니다. 그리스도를 진리와 동일시하는 참된 근거는, 오히려 그분이 하신 모든 말과 모든 행동에 있다. 그분이 사람들을 가르치시고, 그들을 돌보시고, 마침내는 그들을 위하여 십자가에 못 박혀 돌아가시기까지의 기간은 겨우 3년이라는 짧은 기간에 불과했다. 그럼에도 3년이라는 이 짧은 기간의 그의 삶은 진리가 무엇인지를 규정하려고 애썼던 모든 철학자의 모든 저술보다도 훨씬 더 큰 영향력을 끼치고 있다. 이러한 결과는 사람들이 그분이 바로 진리임을 똑바로 목격했기 때문에 발생했다.

우리가 만약 그리스도를 진리의 화신이라고 생각한다면 우리는 또한 그분이 성경의 말씀을 진리라고 여기셨던 점도 잊지 말아야 한다. 그분은 자신의 제자들을 위해 하나님께 기도드리실 때, "그들을 진리로 거룩하게 하옵소서 아버지의 말씀은 진리니이다"(요 17:17)라고 말씀하셨다.

'성경이 곧 진리'라는 그분의 말씀은 단순히 주장으로서만 그친 것이 아니었다. 오히려 주님은 무슨 일을 할 때든지 항상 성경의 말씀을 사용하셨다. 이러한 점들을 미루어 볼 때, 그분이 성경에 기록된 말씀들을 진리라고 생각하셨다는 점은 의심할 여지가 없다. 기독교의 정통교리에서 보면, 이상의 이러한 사실들은 기독교에 관한 아주 초보적인 지식에 불과하다. 그러나 이 초보적인 지식이 담고 있는 광범위한 시사점들을 명확하게 그리고 올바르게 파악하기란 그렇게 쉽지가 않다.

예수께서 이 땅에 오셔서 행하신 일들과 가르침들 그리고 성령에 감동된 사람들을 통하여 우리에게 전해진 성경의 말씀들은, 그 수와 종류에서는 분명히 어떤 유한성을 지닌다. 그러나 진리이신 예수님 자신과 진리이신 하나님의 말씀 자체는 성경에 나타나 있는 그 유한한 수와 종류의 가르침들을 모두 다 합친 것보다도 훨씬 더 크다. 진리이신 예수님과 하나님의 말씀인 성경이 포괄할 수 없는 것이 있다면, 그것은 오직 진리에 반대되는 것, 즉 거짓과 오류뿐이다.

예수께서 이 땅에 오셔서 행하신 일들과 가르침들과 기록된 성경의 말씀들은 그 수와 종류에서는 유한성을 지니지만 그 본질에서는 영원성을 지니는 까닭은, 이들이 바로 이러한 하나님의 특성을 나누어 가졌기 때문이다. 예수께서 이 땅에 오셔서 행하신 일들과 가르침들, 기록된 성경의 말씀들이 지니는 목적은 그 유한한 수와 종류의 가르침들을 통해서 그 뒤에 계신 무한하고 온전하신 예수님 자신과 하나님 자신을 발견하고 그에게까지 나아가도록 하려는 것이다.

따라서 기독교 교육이 그리스도와 성경을 통합의 구심점으로 받아들인다는 말은 "진리는 모두가 다 하나님께 속한다"라는 원리를 기독교 교육의 통합 원리로 받아들여야 할 것을 시사하는 말이 된다.

사도 바울이 빌립보 교회에 제시한 '기독교적 사고방식'의 헌장이 "끝으로 형제들아 무엇에든지 참되며 … 이것들을 생각하라"(빌 4:8)라고 되어있는 것도 결코 우연의 일치라고 볼 수는 없다. "참되며"라는 말 뒤에는 "경건하며," "옳으며," "정결하며," "사랑할 만하며"라는 말들이 계속되어 나오는데, 이들은 각각 '진리'의 한 측면들이다.

사도 바울은 기독교 진리란 모든 참된 것들을 포괄하는 것이며, 참된 것이라면 어떤 것도 기독교의 영역에서 벗어날 수 없는 것임을 잘 알고 있었다. 그런데 많은 기독교인은 바로 이 자리에서 그다음의 발자국을 내딛지 못한 채 머뭇거리고만 있다.

"진리는 모두가 다 하나님의 것이다"라는 원리가 지니는 포괄적인 특성은, 한편으로는 지식을 세속적인 것과 종교적인 것으로 구분하는 것이 옳지 않다는 점을, 다른 한편으로는 인간의 삶과 인식의 전 영역을 사도 바울의 말과 같이 "사로잡아 그리스도에게 복종하게" 하는 것이 옳다는 점을 보여준다.

그러나 솔직히 말해서 '기독교'라는 명칭이 붙은 교육으로서 이 사실을 올바로 깨닫고 있는 경우는 아주 드물며, 우리는 우리의 생각과 교육 가운데 그동안 잘못된 이분법을 너무 경솔하고 무분별하게 받아들여 왔다는 생각이 든다.

우리가 하나님의 말씀을 진리의 궁극적 기준으로 삼는 것은 옳은 일이다. '하나님의 진리의 화신'이신 주 예수 그리스도께 최상의 위치를 부여하는 것도 옳은 일이다.

그러나 우리는 동시에, 성경에서 충분히 설명해 놓지 않은 진리의 영역들도 엄연히 존재하며, 그 영역들도 하나님의 진리의 한 부분들이라는 점을 명백하게 인식하지 않으면 안 된다. 우리가 진리를 성스러운 것과 세속적인 것으로 나누는 것은 "진리가 있는 곳에는 만약 그것이 참으로 진리이기만 하다면, 하나님 또한 계신다"라는 사실을 망각했기 때문에 저질러진 오류다(세르반테스는 돈키호테의 괴팍한 행적들 사이

사이에 예지가 번득이는 말들을 기록해 두었는데, 이 말도 그 가운데 하나다).[11]

사실 이 문제는 다루기가 아주 조심스러운 문제다. 이 문제를 잘못 어물거렸다가는 속세의 일들에 관한 진리들을 계시된 진리와 동격으로 올려놓는다는 비난을 받기 일쑤다.

그러나 "진리는 모두가 다 하나님의 것이다"라는 대전제에 비추어 볼 때, 이러한 비난은 부당하다. 왜냐하면, 진리는 모두 불변성을 지니지만, 그러한 진리들 가운데에도 그 중요성에서는 어떤 차이가 있을 수 있기 때문이다. 우리는 말할 것도 없이 성경에 계시되고 그리스도를 통하여 실현된 영적 진리에 우선순위를 부여해야 한다.

그러나 우리는 이 말을 '수학이나 화학, 지리학 등 인간에 의해 발견될 수 있는 그러한 진리의 영역들은 그리스도 안에서 발견되는 그러한 영적 진리들과는 달리 하나님의 진리가 아니다'라는 뜻으로 오해하지 말아야 한다. 둘 사이에 차이점이 있다면, 그것은 분야가 서로 다르다는 것과 그 각각의 분야가 지니는 중요성에 차이가 있다는 것일 따름이다.

그리스도와 관련된 진리는 '인류의 구원'에 관한 것이지만 물리학과 관련된 진리는 그렇지 않다. 따라서 주 예수 그리스도가 어떠한 분이시며 어떠한 일을 하셨는가에 대하여 잘못된 견해를 지니는 것은, 비록 순수한 마음으로 그리했을지라도, 과학과 관련된 현상에 대하여 잘못된 견해를 지니는 것과는 그 해악의 성격과 심각성에서 똑

---

[11] Miguel de Cervantes Saavedra, *The Adventures of Don Quixote*, translated by J. M. Cohen (Middlesex, 1950), p. 490.

같은 것일 수가 없다.

  모든 진리는 언제나 하나님 안에서 통합되어 있다. 우리가 만약 그러한 통합 원리에 따라서 교육하기를 거부한다면, 우리의 기독교 교육은 서로 아무런 연관성도 가지지 못한 조각조각 떨어진 지식을 배우고 익히는 장소가 될 것이다(오늘날 우리는 정평 있는 기독교 대학 중에서 바로 이러한 현상들을 목격한다).

  오늘날 기독교 교육이 그 사명을 올바로 감당하기 위해서 꼭 필요한 것이 있다면, 그것은 다름 아닌 참다운 기독교적 세계관이라고 말할 수 있다. 무엇보다도 우리에게는 과학이나 역사, 수학, 문학 혹은 예술 교과들까지도 모두 하나님의 진리체계 안에 포괄되어야 하는 것들로서 보는 그러한 세계관에 따라서 교과를 가르칠 줄 아는 교사가 필요하다. 왜냐하면, "진리는 모두가 다 하나님께 속한다"라는 전제를 수긍한다고 해서 곧바로 기독교 교육이 이루어지는 것은 아니기 때문이다.

  기독교 교육이 온전히 이루어지기 위해서는 그러한 전제를 바탕으로 해서 학생들에게 진리의 통합체를 실제로 보여주어야 한다. 즉 "보이지 아니하는 하나님의 형상"이요, "모든 피조물보다 먼저 나신 이"요, '만물의 창조에 관여하신 분'이며, '만물을 붙들어 주시는 분'(골 1:15-17)이라는 장대한 그리스도 관(觀)이 학생들의 심령 속에 실제로 살아 움직이게 할 수 있는 그러한 효과적인 교육이 뒤따라야만 하는데, 이 일은 참된 기독교적 세계관을 지닌 교사가 없이는 불가능한 일이다.

만약 우리가 이 같은 생각을 우리의 입장으로 받아들이며 진실로 이러한 입장에 서기를 원한다면, 우리는 상당히 뼈아픈 결론을 내려야만 할 것 같다. 그러므로 이제 더 이상 망설이지 말고 그 결론을 명확하고 솔직하게 말하기로 하자. 그리고 그 결론이 구체적으로 어떻게 적용되어야 하는가 하는 문제는 우리의 양심에 맡기기로 하자.

이제 다시 한번 우리의 전제를 말씀드리겠다.

"진리는 모두가 다 하나님께 속한 것이다."

우리가 만약 이 전제를 받아들인다면 우리는 "기독교 교육은 어떠한 영역의 진리이건 간에 진리를 옹호하고 존중해야 할 성스러운 의무를 지닌다"라는 결론을 내려야만 한다. 순교자 저스틴(Justin Martyr)과 같이 우리는 "올바른 주장들은 모두 다 우리 기독교인의 소유자산이다"라고 선언해야만 한다.[12]

하나님의 말씀 가운데 나타나 있고 또한 그리스도를 통하여 알려진 '계시된 진리들'은 두말할 필요도 없이 '자연 가운데에서 우리가 찾아낸 진리들'보다 훨씬 더 중요하다. 그러나 후자도 하나님의 진리체계 안에 속한 진리들이다.

따라서 우리 가운데 누군가가 만약 계시된 진리를 옹호한다는 명분 아래, 다른 분야들이 하나님의 진리의 다른 측면들임을 부인하거나 그 분야들을 삭제하거나 왜곡한다면, 그가 비록 정통적인 신앙의 소유자라고 할지라도 그는 "목적이 선하면 어떤 방법도 다 정당화될 수 있다"라는 부도덕한 가르침에 빠져들 뿐만 아니라 하나님의 참된

---

[12] Justin Martyr, *Second Apology*, p. 13, quoted by Cailliet, op. cit. p. 62.

본질에 역행하여 불법을 행하는 사람이 될 것이다.

이와 같은 일들은 특히, 설교할 때에 곧잘 일어난다. 하나님의 말씀을 선포하는 설교자들은 항상 스스로에게 다음과 같은 질문을 제기해야만 한다.

'나의 해석은 과연 옳은가?'

'나의 설교가 비록 재치 있고 효과적이지만, 과연 성경이 실제로 말하는 바를 올바로 전하는 것인가?'

매력적이며 또한 칭송을 받는 설교 중에는 무책임한 해석에 입각한 설교들도 많다.

우리가 설교 시간에 자주 듣는 예화들 가운데, 실제로 있었던 일이라거나 설교자가 몸소 체험했던 일이라고 소개가 되지만 사실은 그렇지 않은 경우가 없다고 할 수 있을까?

'하나님의 말씀을 어떻게 하면 책임 있게 다룰 수 있을까'라는 문제에 관해서는 성경 주석의 왕자라고 할 수 있는 존 칼빈(John Calvin)이 하나의 모범을 보여주었는데, 이 모범은 모든 설교자가 따를 만한 것이다. 그는 이렇게 말했다.

> 내가 아는 한, 나는 단 한 구절이라도 견강부회한 적이 없다. 난해한 구절을 연구하다 보면, 무리하게라도 어떤 의미를 이끌어 내려는 마음이 생길 수 있는데, 이때마다 나는 이러한 유혹을 발로 밟아버린다.[13]

---

[13] Georgia Harkness, *John Calvin: The Man and His Ethics* (New York, 1931), p. 259.

"진리는 신성하다"라는 주장은 일종의 양날의 검 같아서, 보수와 자유 양쪽 진영 모두에게 똑같이 적용되는 원리다. 그러므로 우리는 자유주의 신학을 신봉하는 사람들에 대해서도 똑같이 진실된 충고를 해야 한다. 우리는 그들에게 하나님의 말씀 안에 계시되어 있으며 그리스도라는 인격체에 의해 구현된 진리들을 자연의 진리에 부합되도록 왜곡하거나 삭제하는 것도 모든 진리의 주인이신 하나님을 거스르며, 나아가서는 "목적이 선하다면 어떠한 방법도 정당하다"라는 오류를 범하는 것이라고 말해주어야 한다.

진리가 신성한 것임은 움직일 수 없는 사실이다. 진리는 하나님 자신의 고유한 본성이므로 영원히 신성하다. 이러한 진리를 제 좋을 대로 훼손시키는 사람들은 누구나 다 죄를 범하는 것이다. 성경이 진리를 강조하면서 끝을 맺고 있다는 사실은 누구도 부인할 수 없다.

사도 요한은 밧모섬에 있을 때, 환상 중에 하늘이 열리고 그리스도께서 왕으로서 다시 돌아오시는 것을 보게 되는데, 그는 그 왕의 이름이 "충신과 진실"(계 19:11)이라는 말을 듣고 그분이 바로 그리스도이심을 깨닫게 된다. 또한, 그는 자신이 본 새 예루살렘의 모습에 대하여 묘사하면서, "거짓말을 좋아하며 지어내는 자는 다 성 밖에 있으리라"(계 22:15) 했기 때문에, 그곳에서는 진리가 손상될 여지가 없다고 일깨워 주고 있다.

하나님은 결코 불필요한 일을 강조하시는 분이 아님을 잊지 말도록 하자. 기독교 교육 앞에 놓인 여러 가지 어려운 일들을 헤쳐나갈 때, 진리에 대한 뜨거운 존중심을 지니도록 하자. 그리고 우리는 하나님의 진리의 모든 측면을 남김없이 파악할 수 없음을 깊이 인식하는 겸허한 자세와 함께, 우리의 모든 연약하지만 모든 진리의 하나님께서는 그의 더 큰 영광에 이르는 길을 우리의 기독교 교육을 통하여 우리에게 보여주실 것이라는 믿음을 가지도록 하자.

제3장

교사와 진리

너희는 이 세대를 본받지 말고 오직 마음을 새롭게 함으로 변화를 받아 하나님의 선하시고 기뻐하시고 온전하신 뜻이 무엇인지 분별하도록 하라(롬 12:2).

1. 진리란 무엇인가?

　지금까지의 논의의 결과로서 우리는 "진리는 모두가 다 하나님의 진리다"라는 전제에 도달했다. 또한, 우리는 성경과 성경에 계시된 생명이신 그리스도가 기독교 교육의 통합의 구심점임도 확인했다. 이제 이 전제들을 좀 더 자세히 검토하기로 하겠다. 이 자리에서 우리가 다루게 될 질문들은 이러하다.

　'모든 진리를 포함하는 그러한 포괄적인 진리의 준거는 과연 무엇인가?'

'그러한 진리의 관점에서 보았을 때, 참과 거짓은 어떻게 구별이 되는가?'

이 질문들은 우리가 극복해야만 할 도전이다. 이 도전은 정당한 것이므로 우리는 이 도전에 진실되게 응해야 한다. "진리가 있는 곳에는, 만약 그것이 참으로 진리이기만 하면, 하나님 또한 계신다"라는 세르반테스의 말을[1] 다시 한번 살펴보기로 하겠다.

우리는 그의 말 가운데에 "만약 그것이 참으로 진리이기만 하면"이라는 조건절이 들어있음을 발견할 수 있는데, 이것이야말로 이곳에서의 우리의 관심사를 잘 대변해 수는 말이다. 햄릿의 표현을 빌리자면, "진리가 무엇인가? 그것이 바로 문제"다.

이 문제에 접근하는 방식에는 크게 세 가지가 있다.

① 오직 계시에만 입각하는 접근방식
② 계시와 이성에 동시에 입각하는 접근방식
③ 이성에만 입각한 접근방식

우리는 이제까지의 논의를 통하여 이 세 가지 접근방식 가운데 한 가지를 이미 선택해 놓았다. 계시와 이성에 동시에 입각하는 접근방식이 바로 그것이다.

---

[1] Miguel de Cervantes Saavedra, *The Adventures of Don Qujxote*, translated by J. M. Cohen (Middlesex, 1950), p. 490.

계시만이 모든 분야의 진위를 결정하는 유일한 기준이라고 보는 입장은 비합리주의(irrationalism)의 위험, 즉 하나님께서 주신 이성이라는 기능을 부인하는 위험에 빠지기 쉽다.

이 말은 결코 하나님의 진리가 하나님에 의해 계시되는 것임을 부인하는 말이 아니다. 오히려 이 말은 하나님의 진리 가운데 아직 밝혀지지 않은 새로운 측면들을 이해하고 발견해 나가는 일에, 이성이 성령의 인도하심을 통하여 중요한 역할을 수행한다는 사실을 인정하자는 말이다.

또 하나의 극단적인 입장은 인간의 이성만이 진리를 아는 유일한 수단이라는 견해다. 이러한 입장을 우리는 단연코 거부한다. 왜냐하면, 이 입장은 하나님의 계시를 무시하므로, 결국에 가서는 있는 그대로의 인간의 마음을 모든 사물의 척도로 삼아 버리는 합리주의나 인본주의로 떨어지기 때문이다.

기독교인이 볼 때, 진리의 근원은 하나님의 계시다. 물론 이 계시는 주로 영감에 의해 쓰인 성경 가운데 담긴 것이기는 하지만, 하나님께서 만드신 이 창조세계 가운데에도 나타나 있다. 그리고 하나님의 진리는, 비록 가장 높은 단계에서는 믿음으로 받아들일 수밖에 없는 것들이지만, 또한 성령의 조명을 받은 우리의 이성을 통하여 알 수 있는 것들이기도 하다. 이러한 견해는 기독교인들이 부분적으로나마 지닌 편협한 진리관을 좀 더 포괄적인 것으로 확장시켜 줄 것이다.

이러한 관점을 지닐 때, 기독교인들은 비로소 '자연'이라고 하는 또 다른 측면의 신적 계시에 눈을 뜨게 된다. "하나님의 말씀은 두

권—한 권은 '성경,' 또 한 권은 '자연'—으로 되어있다"라는 격언은 성경적으로 보더라도 올바른 견해다.

예를 들어 시편 19편을 보면 처음의 여섯 절에서는 하늘과 땅, 낮과 밤 그리고 해까지도 한 가지로 하나님의 영광과 그의 솜씨의 위대함을 증언하고 있음을 말하고, 7절 이하에서는 문자화된 하나님의 말씀에 감사하는 찬양을 했다. 사도 바울은 로마서에서 인간의 죄에 대해 논증을 했는데, 그 첫 부분에는 이러한 견해가 훨씬 더 명료하게 나타나 있다.

그는 수장하기를, 자연이 하나님을 증언하고 있으므로, 다시 말하면 '창조세계'라는 하나님의 책이 인간 앞에 펼쳐져 있을 뿐만 아니라 인간은 그 책 안에 계시되어 있는 하나님의 임재와 하나님의 손길을 읽을 수 있기 때문에, 하나님께 감사하지도 아니하고 하나님을 영화롭게도 하지 않은 채 자신의 미련하고도 어두워진 마음을 따랐던 인간들은 자신들의 불의함에 대해 변명할 여지가 없다고 했다.

그러므로 문자화된 하나님의 말씀뿐만 아니라, 창조세계라는 하나님의 계시도 기독교 교육을 하기 위한 합당한 토대임을 인정해야 한다. 물론 '자연'이라는 책에 대한 우리의 해석을, '성경'이라는 또 다른 책의 진위를 판별하기 위한 기준으로 삼아서는 안 된다. 오히려 우리는 '창조세계'라는 이 광대한 책에 대한 우리의 해석이 아직 단편적인 상태에 머물러 있음을 시인해야 한다.

아인슈타인은 이 우주를 "뚜껑이 영구히 닫혀있어서 그 속을 들여다볼 수 없는 시계"에 그리고 과학자를 "그 시계의 겉모양만을 보면서, 그 내부의 복잡한 움직임들을 알아내야만 하는 사람"에 비유했는데, 자연과학적 지식에 대한 그의 이러한 태도는 우리에게도 좋은 교훈이 된다.

기독교인들 중에는 과학이 탐구해야 할 그 영역이 얼마나 광대한 것인지에 대해서는 짐작조차 못하면서도, '창조세계'라는 하나님의 책의 내용을 제멋대로 성급하게 단정해 버리는 사람들이 가끔 있다. 기독교인들은 이러한 오류를 피하고자 '성경'이라는 하나님의 책 앞에서뿐만 아니라, '창조세계'라는 하나님의 책 앞에서도 크게 겸허해질 필요가 있다.

'성경'이라는 계시된 말씀 중에는 모든 시대에 통하는 '진리에 대한 궁극적 표준'이 들어있다. 그러나 이것은 기독교인들이 그 표준의 참된 의미를 완벽하게 이해하고 있다는 말은 아니다. 새 하늘과 새 땅이 도래할 때까지는 "거울을 통해 희미하게" 볼 뿐이라는(고전 13:12) 사도 바울의 말씀은 오늘날에도 여전히 사실이며, 앞으로도 항상 그러할 것이다.

우리는 사도 바울보다 훨씬 뒷세대에 살고 있기 때문에, 그동안의 지나간 역사를 통해서도 많은 교훈을 얻을 수 있다. 우리는 프톨레미의 천동설이 성경의 진리와 동일한 것으로 여겨졌던 때가 있었음을 잊지 말아야 한다.

그러한 동일시가 잘못된 것이었다는 것은 오늘날에는 가장 철저한 근본주의자들(fundamentalists)조차 인정하는 사실이다. 그러나 잘못된 것은 성경에 대한 기독교인들의 해석이었지, 성경 자체가 틀린 것은 아니었다. 교회가 마침내 코페르니쿠스의 지동설을 받아들였을 때, 성경은 뒤집혔던 것이 아니라 오히려 새롭게 조명되었던 것도 바로 이 때문이다.

똑같은 원리가 오늘날에도 그대로 적용될 수 있다. 예컨대 인류의 역사는 기독교가 전통적으로 주장해 온 6,000년보다 훨씬 더 오랜 것이라는 점이 점차로 명백해지고 있다.

탄소(carbon) 시계라는 최근의 발견물이 인간의 고대를 밝혀주고 있다. 탄소 시계의 발견은 현대 과학사의 매혹적인 한 페이지를 장식한다. 외계로부터 지구로 쏟아지는 우주 광선에 관한 연구의 결과로 우리는 대기의 상층부에서 일어나는 원자핵적 과정들을 알게 되었다. 우주 광선이 방출한 중성자들은 대기의 질소를 '방사성 탄소'(radioactive carbon)로 변환시킨다. 대기 중에는 또한 보통의 탄소들도 존재하는데, 이들 보통의 탄소와 방사성 탄소는 둘 다 산소와 결합하여 이산화탄소가 된다. 그리고 이산화탄소는 방사성이든 보통의 것이든 똑같이 식물들이나 초식동물들에게 흡수된다.

대기 중에 있는 방사성 탄소와 보통 탄소의 정확한 비율을 최초로 확인한 사람은 시카고대학교 '핵 연구소'의 리비(Willard F. Libby) 박사였으며, 이러한 연구에 힘입어 탄소 시계라는 기이한 시계가 개발되었다.

방사성 탄소 원자는 다른 모든 방사성 원자들과 마찬가지로 일정한 비율로 붕괴하는데, 5,568년 후에는 방사성 탄소의 양이 본래의 약 절반으로 줄어든다. 5,568년이 또 한 번 지난 후에는 남아있는 양의 절반이 또 사라진다. 이러한 식으로 25,000년이 경과하면 남아있는 탄소의 양은 본래 양의 1/30밖에 되지 않을 것이다. 그러나 3만 년을 넘어서는 경우에는 현재의 기술로서는 측정이 불가능한데, 그것은 방사성 탄소 원자들의 농도가 몹시 작아지기 때문이다.

모든 생물체의 내부에는 이 두 가지 종류의 탄소가 대기에서와 똑같은 비율로 존재한다는 것은 오늘날에는 하나의 기정사실이다. 생물체는 사망함과 동시에 탄소의 흡입을 멈추게 되고, 이때부터 방사성 탄소가 붕괴하는 정도를 가지고 시간을 재는 탄소 시계가 작동하기 시작한다. 그래서 전문가들은 대략 3만 년이 넘지 않는 것이면, 탄화된 나뭇조각이나 뼛조각을 가지고 가이거(Geiger) 관을 사용해서 방사성 탄소의 양을 측정함으로써 그 연대를 계산할 수가 있다.

이와 같은 방법으로 발견된 사실들 가운데, 인류와 관련된 것 몇 가지를 소개하면 다음과 같다. 손으로 엮어서 싼 신발들이 오리건(Oregon)주의 크레이터(Crater) 호수 근처에 있는 '포트 록'(Fort Rock) 동굴에서 발굴되었는데, 이것은 약 9,000년 전의 것으로 밝혀졌다. 들소의 한 종류인 동물의 탄화된 뼈가 멕시코의 테페판(Tepexepan)과 뉴멕시코의 클로비스(Clovis)에서 발견되었는데, 이 뼈는 1만 년 정도 된 것으로, 사람들의 창에 찔린 자국들이 있었다. 이 동물들은 오늘날에는 멸종하고 없다.

컬럼비아(Columbia)대학교 지리학과의 컬프(J. Laurence Kulp) 교수는 방사성 탄소 측정 분야에서 지도적 역할을 하는 사람 중의 한 사람인데, 프랑스의 한 동굴에서 발견된 인위적 가공품들이 탄소 시계로

14,000여 년 전의 것으로 읽혔다고 필자에게 말했다. 새로운 발견들의 예는 이와 같이 계속해서 이어져 간다. 인류의 고대에 관한 기독교인들의 전통적인 생각들이 수정되어야 하는 것은 명백하다.

그러면 이처럼 기독교인들의 전통적인 사고를 바꾸는 일이 창세기에 나오는 창조 이야기의 놀랍고도 중요한 진리 자체를 변질시키는 일일까?

그렇지 않다는 것 또한 명백하다. 고대에 대한 우리의 사고의 변화는 오히려 '창조'라는 성경적 진리에 관한 우리의 이해를 확장시키고 심화시킬 것이다.[2]

이러한 일들이 틀림없이 중요한 일들이지만 이들은 어디까지나 성경의 진리를 대체할 수 있는 것들이 아니요, 단지 성경의 진리들을 해석하는 것과 관련된 것들일 뿐이다. 이러한 복잡하고도 어려운 해석상의 문제들 뒤에 놓여있는 성경의 진리들은 모든 사람이 다 보고 믿을 수 있을 만큼 단순하고도 명백한 것들이다. 그리고 바로 이 진리들이 기독교인들의 세계관을 형성하는 틀이 되며, 기독교가 토대로 삼는 사실들이다.

그 진리들은 도대체 어떤 것들일까?

하늘과 땅의 창조자이신 하나님, 하나님의 형상을 닮은 인간의 창조 타락으로 인하여 하나님의 형상이 인간의 힘으로는 도저히 복구시킬 수 없을 정도로 파괴된 일, 그럼에도 거듭나게 하실 수 있는 하나님의 능력, 하나님의 아들의 강림과 상실된 인간성을 회복하심, 그

---

[2] N. J. Berrill, "Detectives of Time," *The Atlantic Monthly* (July 1953).

리스도의 몸이며 믿는 자들의 모임인 교회를 이 세속세계로부터 불러내시는 성령님의 활동 그리고 우리의 크신 하나님 구주 예수 그리스도의 영광스러운 등장을 통한 세속 역사의 종말 등이 바로 그것이다.

단적으로 말하면, 이러한 진리들에 관한 한 기독교 내에 어떤 파벌도 있을 수가 없다. 이 진리들은 기독교의 모든 종파에 공통된 진리들이다. 비록 이 진리들의 많은 부분이 양보와 유보로 인하여 희석됐고 인간들이 만든 전통과 교리들로 인하여 가려져 왔지만, 그럼에도 이 진리들은 여전히 기독교 세계관의 토대이자 참조의 틀이다. 그리고 기독교 교육도 바로 이 터 위에 세워져야 하며, 이 터 안에서 이루어져야만 한다.

2. 기독 교사와 기독교 교육

우리는 이제 또 하나의 중요한 결론을 내려야 할 것 같다. 그 결론은 이러하다. 만약 어떤 사람이 "진리는 모두가 다 하나님의 것이다"라는 견해를 받아들인다면, 그 순간에 그는 또한 무엇인가를 행하기로 서약하고 있는 셈이라는 것이다.

성경을 보면 단순히 이론적이기만 한 진리는 없다. 성경에서의 진리는 반드시 행위와 연결되어 있다. 성경의 진리가 가지는 이러한 특성은 그리스도의 속죄론에 가장 잘 나타난다. 속죄론이 단순히 이론으로만 그친다면, 비록 그것이 제아무리 옳은 이론이라 하더라도 단 하나의 영혼도 구해낼 수 없을 것이다.

속죄론의 효능이 발휘되기 위해서는 그리스도가 갈보리(Calvary) 산 위에서 십자가에 매달림으로써 그의 속죄이론을 직접 '수행'해내야 만 했다. 성경의 진리들은 모두 이와 같다. 성경의 진리는 우리의 실제 삶에 연결될 때에만, 진리로서의 참다운 효능을 발휘할 수 있다.

따라서 기독교 교육이 "진리는 모두가 다 하나님의 것이다"라는 원리를 받아들인다는 것은 '말'을 그렇게 할 뿐만 아니라 '행동'도 그렇게 한다는 뜻이다.

그러면 기독교 학교와 기독교 대학은 기독교의 핵심적 신념들을 어떻게 구현할 수 있을까?

기독교 교육이 하나님의 말씀과 예수 그리스도의 생명의 교훈을 통합의 구심점으로 받아들인다면, 기독교 교육은 이 말씀과 교훈들을 어떻게 해야 기독교 교육 가운데 올바로 '행동화' 해낼 수 있을까?

이러한 질문에 대한 대답을 찾는 가장 올바른 길은 학교에서 가르쳐야 할 모든 교과목이 기독교의 참조 틀(frame of reference)과 어떻게 관련을 맺을 수 있는가 하는 문제를 끊임없이 고찰하는 일이다. 학교의 교과들과 기독교의 진리들을 관련짓는 데는 두 가지 방법이 있다.

첫째, 교사를 통하는 것이다.

둘째, 구체적인 교과목들을 통하는 것이다.

두 번째 방법의 경우에 있어, 만약 소위 세속적 영역의 지식들과 성경 및 기독교적 진리들을 조목조목 항목별로 조화시키려고 든다면, 자칫 그르치기 쉽다. 세속 학문과 기독교적 진리 사이에 존재하는 공동의 기반을 발견하려고 할 때 두 번째 방법은 오히려 그 진가를 발휘할 것이다.

그러나 두 번째 방법은 첫 번째 방법이 지니는 것과 같은 직접성을 지니고 있지 못하다. 따라서 통합의 문제를 교사를 통하여 해결하려는 것이야말로 가장 근본적인 문제해결의 방법이라고 말할 수 있다. 이것이 바로 우리가 이 자리에서 교과목보다 교사를 먼저 다루려고 하는 까닭이다.

약 1년 전에 필자는 운이 좋게도 칼 바르트(Karl Barth) 교수와 함께 스위스 바젤(Basel)에 있는 그의 서재에서 오후 한때를 보낸 적이 있다. 대화 가운데 우리는 이 책에서 다루고 있는 바로 이 통합의 문제에 관해 이야기를 나눴다. 바르트 교수는 기독교 세계관과 모든 학문 영역을 통합시키는 일에 가장 효과적인 방법은 참된 기독교 세계관을 지닌 교사를 통하는 것이라고 힘주어 말했다. 그 몇주 후에 필자는 C. S. 루이스(C. S. Lewis) 교수와 옥스퍼드(Oxford)의 마들린(Magdalen)대학에 있는 그의 서재에서 비슷한 대화를 나누었는데, 그도 같은 견해를 지니고 있었다.

이 뛰어난 학자들의 견해는 사려 깊은 기독교 교육자들이 오랫동안 지녀왔던 신념이 옳았다는 것을 강력하게 뒷받침해 준다. 정말이지 문제의 핵심은 바로 교사들에게 있는 것이다. 이것은 피할 수 없는 사실이다. 교사의 세계관은, 그가 유능한 교사이기만 하다면, 점차로 학생들의 세계관을 바꾸어 놓는다.

가르칠 때에는 누구든 어떤 특정한 철학적 입장을 취하게 마련이다. 모든 교사는 그들이 지니고 살아가는 철학적 신념들을—그 신념들이 영적으로 바람직하거나 혹은 바람직하지 못한 것이거나를 막론하고—어떤 방식으로든 드러내지 않을 수 없다.

그리스도 중심적이며 성경적인 교육을 하기를 원하는 대학과 학교들이 "기독 교사 없이는 기독교 교육도 없다"라는 깃발을 그 망대 위에 내걸고, 어떠한 경우에도 그 깃발을 내려서는 안 되는 까닭이 비로 여기에 있다. 이 문제에 관한 타협은 항상 기독교 학교들의 탈기독교화(de Christianizing)를 불러온다. 그럼에도 오늘날 기독교 교육에서는 다름 아닌 바로 그러한 타협을 옹호하는 목소리들이 높다.

여기에 쓰인 '기독교 교육'이라는 말은 기독교 교육 기관에서의 교육을 의미하는 것으로, 정식의 기독교 학교나 기독교 대학에서의 교육에 대해서 하는 말이다. 태평양 신학교의 기독교 윤리학 교수인 로버트 피치(Robert E. Fitch)가 「기독교의 세기」라는 저널에 "기독교 대학을 기독교화 하기"라는 제목으로 쓴 글을 잠시 소개하겠다.

> 최종적인 판가름은 당신이 '좋은 교사이자 동시에 좋은 학자인 관대한 인본주의자'와 '학자나 교사로서는 다소 부족하지만 정통적 신앙을 지닌 사람' 가운데에서 누구를 채택하느냐에 달려있다. 당신이 만약 후자를 선택한다면 당신은 학생들이 보는 앞에서 학문과 하나

님 모두를 불신임하는 것이 된다 … 만약 당신이 전자를 선택한다면, 당신은 적어도 기독교 대학이 학문과 교육을 존중하고 있다는 점을 보여주는 것이 된다. 게다가 교수들 중에는 이미 진실한 기독교인이자 동시에 유능한 학자이며 교사인 사람들이 있을 것이므로, 이들이 전자의 부족한 점을 충분히 메꾸어 줄 것이다. 만약 기독교 대학의 총장이나 학장이 자신이 해야 할 일의 성격을 올바로 파악하고, 자신 옳다고 생각하는 바를 두려움 없이 실천할 수 있는 용기를 지니고 있다면, 그는 틀림없이 전자를 선택할 것이다.[3]

이 주장은 비록 그럴듯해 보이지만, 사실은 임시방편적인 편의주의에 불과한 것이다. 이러한 주장이 지니는 두 가지 문제점이 있다.

첫째, 잘못된 양자택일을 제시하고 있다는 것이다. 이러한 잘못은 기독교 학교가 하나님의 도우심을 힘입어 기독교적이면서도 동시에 유능한 학자인 사람들을 찾을 수도 있다는 점을 간과해 버렸기 때문에 비롯된 것이다.

둘째, 인본주의자들은 아마도 기독교의 진리와 모순되지 않는 방식으로 가르칠 수 없을 것이며, 오히려 자신들의 무신론적 세계관을 드러내지 않을 수 없을 것이라는 점을 이 주장은 무시하고 있다.

이 주장이 제시하는 방식대로 교사들을 채용하다 보면, 결국 기독교 학교의 교수진은 관대한 인본주의자들로 꽉 차게 될 것이다. 왜냐하면, 이러한 방식을 택한 학교에서는 유능한 학자이면서 동시에 진

---

3 *The Christian Century* (10 September, 1952).

실한 기독교인인 교사들을 기도하는 마음으로 끈질기게 찾아나서는 어려운 길을 택하기보다 관대한 비기독교인들을 받아들이는 손쉬운 길을 택할 것이 틀림없기 때문이다. 그러나 "기독교인이면서 동시에 유능한 학자인 교사는 없다"라고 말하거나 혹은 미국처럼 큰 나라에서 "그러한 교사를 발견할 수 없다"라고 말할 만큼 뻔뻔스러운 사람은 아마 없을 것이다.

3. 기독교인과 세속주의

만약 기독교인 교사가 그렇게 중요한 것이라면, 우리는 잠시 현재 기독교 학교와 기독교 대학에 있는 대부분의 교사가 과연 어떠한 세계관을 지니고 있는가 검토할 필요가 있다.

먼저 오늘날 미국 교육 전반의 사상적 분위기에 대해서 생각해 보겠다. 오늘날 미국 교육 전반의 사상적 분위기는 세속적이고 자연주의적이며, 신본주의에 기초하고 있는 것이 아니라 인본주의에 기초하고 있으며, 거의 종교적으로까지 이상화시킨 민주주의를 교육의 원동력으로 삼고 있는 상황이다.

면밀히 조사해 보면, 복음주의적 학교의 교사들조차도 대부분의 경우, 성장의 가장 중요한 시기를 이러한 지상적인 교육 철학에 토대를 둔 학교에서 보냈다는 사실을 발견할 수 있을 것이다. 이들 교사 가운데 상당한 숫자는 사범대학이나 세속 교양 대학에서 고등교육을 받았을 것이다.

　그렇다고 해서 세속적인 대학에 다닌 사람들은 누구나 다 세속적인 세계관을 지닌다고 말하려는 것은 아니다. 진심으로 믿는 기독교인이라고 한다면, 기독교에 대해 냉담하고 적대적인 환경 속에서도 기독교적 세계관을 유지할 수 있다. 그러나 진심으로 믿는 기독교인이라고 해서 아무나 다 그렇게 할 수 있는 것은 물론 아니다. 자신을 둘러싼 세속주의의 물결이 얼마나 거대하고 광범위한 것인가를 깨닫고 그에 대한 경계를 늘 늦추지 않으며, 또한 기독교인으로서의 단련된 삶을 살아가는 사람만이 그렇게 할 수 있다.

　세속적인 대학에 다니는 기독 학생들 가운데 세속주의의 위험을 올바로 깨닫고 그에 대해 경계를 늦추지 않을 뿐만 아니라, 또한 세속주의의 압력을 견디어 낼 만큼 단련된 삶을 살아가는 사람들의 수효는 아주 극소수에 불과하다는 현실을 돌이켜볼 때 오늘날처럼 맹렬하게 파고드는 세속주의적 사고방식의 손길에서 벗어날 수 있는 사람 역시 극소수에 불과할 것이라고 말해도 틀리지 않을 것이다. 이 문제에 대해서는 본 강연의 마지막 부분에 가서 좀 더 자세히 다루기로 하겠다.

　물론 기독교 교육 기관에 봉직하고 있는 교사들 가운데 상당한 숫자가 기독교 대학 출신이기는 하다. 그러나 기독교 대학들조차도 소위 세속적 학문들을 기독교와 아무런 관련성 없이 그대로 가르치고 있다. 게다가 학교에서 사용하는 거의 모든 교재가 진리를 하나님과 연결시키지 않는 세속적 관점으로 쓰인 것들이라는 점을 덧붙여 생각해 본다면, 우리는 기독교 대학들조차 우리 시대의 세속주의에 상당히 물들어 있다는 것을 알 수 있다.

그러나 이러한 상황은 우리의 기독교 교육이 스스로 초래한 너무도 당연한 귀결이 아닐까?

기독교 교사들은 그들의 어린 시절을 세속주의적인 지적 풍토 속에서 보낼 수밖에 없었다. 그들이 비록 그리스도를 믿음으로써 거듭났다고는 하지만, 어려서부터 오랫동안 배워온 사고방식을 탈피한다는 일이 그렇게 쉬운 것은 아니다. 사실 우리의 사고방식 속에는 세속적 인본주의 철학이 우리가 어렴풋이 심작하는 것보다는 훨씬 더 광범위하게 스며들어 있다.

얼마 전에 나는 필라델피아(Philadelphia) 근처의 한 '기독 교사회'로부터 강연 부탁을 받은 적이 있다. 그 교사회의 회장이 내게 초청장을 보내왔는데, 거기에는 다음과 같은 통찰력 있는 주장이 담겨 있었다.

> 우리 복음주의자들은 대부분의 경우, 비록 그 신앙적인 입장은 기독교의 근본적 가르침들에 올바르게 입각해 있지만, 그 교육은 하나님을 빼버리고 부인하는 그러한 세속적 인문 교과들을 통해서 받았다. 따라서 우리가 아동들을 하나님 안에서 교육하기를 원한다면, 우리는 먼저 하나님께 우리를 재교육하실 기회를 드려야만 한다.

기독 교사들도 다시 교육받을 필요가 있다는 점을 깨달은 사람들이 있다는 것은 참으로 고무적인 일이 아닐 수 없다. '전국 기독교 학교 연합회' 회장 마크 파케마(Mark Fakkema) 목사도 바로 이러한 사람들 가운데 한 분이다. 그가 제시한 "기독교 교육 철학 개론" 강좌의 교수 요목은[4] 명석하고도 일관성이 있다. 그는 전국의 수많은 대학과 신학교에서 강연을 해왔는데, 그의 강연은 많은 기독교 교사들로 하여금 교사들 개개인은 거듭난 사람임에 틀림이 없지만, 그들이 하는 교육은 부분적으로라도 인본주의라는 우리 시대의 지배적 참조틀에서 벗어나지 못하고 있다는 사실에 눈을 뜨게 해준다.

보르더나브(E. A. Bordenave) 목사도 성공회의 몇몇 교사들과 함께 이와 비슷한 견해를 밝혔다. '전국 인문계 고등학교 위원회'가 출간한 한 논문에서[5] 그는 미국 성공회의 몇몇 학교들에 관해 다음과 같은 말을 했다.

> 이 세속 종교(다시 말하면, 오늘날의 교육을 지배하고 있는 철학)야말로 학교에서 가르치는 모든 책이 입각하고 있는 세계관이다. 단지 종교적 과목에서 쓰이는 몇몇 책들만 예외일 뿐이다. 기독교 학교의 거의 모든 교사들 또한 이러한 세계관에 입각한 교육을 받았다. 우리의 부모와 대학의 이사회가 지니고 있는 세계관도 바로 이것이며 … 기

---

[4] Published by the National Association of Christian Schools, 542 south Dearborn street, Chicago 5, 1953.
[5] Published by the National Preparatory School Committee, 347 Madison Avenue, New York 17, April 1949.

독교 교육을 신봉한다고 하는 우리까지도 상당수가 이러한 세계관을 지니고 있다. 이 세속적 신앙이야말로 미국인들이 지니고 있는 진짜 신앙이며, 이것은 우리 모두와 우리의 모든 학교들을 감염시키며 타락시키고 있다. 그것은 우리가 날마다 호흡하는 공기와도 같이 우리를 둘러싸고 있다.

이것은 결코 과장된 말이 아니며, 오직 성공회의 학교들에게만 해당되는 말도 아니다. 다른 종파들(특히 '기독교개혁교회'와 미주리의 '루터파 교회 연합')에서도 비슷한 견해들이 표명되었다.

우리가 사실을 좀 더 면밀히 조사해 본다면, 성경 과목과 예배 참석 그리고 심령 부흥을 몹시 강조하는 등, 더할 나위 없이 기독교적인 것으로 명성을 날리는 몇몇 학교와 대학들까지도 이러한 상황에 있음을 간파할 수 있을 것이다. 수업을 시작하기 전에 기도를 드린다는 점을 제외하고는 이들 학교에서 가르치는 것들은 대부분의 경우 세속적인 학교나 세속적인 대학에서 가르치는 것들과 사실 아무런 차이가 없기 때문이다.

그렇다면 이러한 엄청난 상황 속에서 우리가 할 수 있는 일들이 과연 있는 것일까?

대답부터 하자면, 우리의 힘으로 해결할 수 있는 일들이 굉장히 많다는 것이다. 단, 그것은 기독교 교육이 그 문제의 해결을 위하여 최선을 다해 생각하고, 그 생각한 것을 최선을 다해 실천한다는, 이중적인 노력을 기꺼이 수행할 경우에만 그렇다.

한 가지 확실한 것은 피상적인 치유책을 가지고서는 안 된다는 것이다. 우리는 문제의 핵심에 호소해야 한다. 이것은 다름 아니라 오랜 세월을 지나는 동안에 굳어진 우리의 잘못된 태도들을 근본적으로 개조해야 한다는 것을 의미한다. 기독교 교사들은 지엽적인 문제들을 논하느라고 시간을 허비할 것이 아니라, 세속적 사고방식이 자신들의 마음에 어느 정도나 스며들었으며, 자신들의 가르침을 어느 정도나 물들여 놓았는지를 연구해야 한다.

이러한 연구들은 우리를 불안하게 만들 것이다. 왜냐하면, 그 연구는 우리가 그동안 가치 있게 여겼던 교과 내용들을 뒤바꾸는 결과를 가져올지도 모르기 때문이다. 그럼에도 이러한 연구는 이루어져야만 한다. 기독교의 철학은 우리의 모든 생각들이 남김없이 기독교적이기를 요구한다. 이러한 포괄성이 결여된 것은 기독교 철학이 아니다.

우리 대부분은 빈번히 그리고 무의식적으로 타협하려고 들지만, 기독교 철학은 결코 그러한 어중간한 타협안을 제시하지 않는다. 요컨대, 우리는 "모든 생각을 사로잡아 그리스도에게 복종하게 하니"(고후 10:5)라는 사도 바울의 도전적인 말이 결코 공허한 말장난이 아니며, 기독교 교육의 전반에 그대로 적용되는 것이고 또 실현 가능한 모범이라는 점을 분명히 깨달아야 할 것이다.

4. 교사를 통한 통합

이제부터는 기독교인 교사에 대해서 좀 더 면밀히 살펴보겠다. 그는 거듭남이라는 과정을 통하여 기독교인이 된다. 그러나 거듭난다고 해서 그 즉석에서 완벽한 기독교적 세계관을 획득하는 것은 아니다. 기독교적 세계관은 거듭난 사람의 마음속에 오히려 하나의 싹이나 씨의 형태로 심긴다.

신앙의 측면에서 볼 때 거의 진보가 없는 사람들이 있는 것과 마찬가지로—신약성경은 이러한 사람을 '어린아이'라고 부른다(고전 3:1; 히 5:13)—일관된 사고체계의 형성이라는 측면에서 볼 때, 유치한 단계에 그대로 머물러 있는 사람들이 있는가 하면, 계속적으로 성장하는 사람들도 있다.

사도 바울은 기독교로 개종하고 난 뒤 아라비아 지역에서 몇 년 동안 조용히 은둔 생활을 한다. 이러한 과정 속에서 그의 생각은 성숙했고, 그 뒤로 그는 성령의 인도하심에 따라 사도 시대 기독교 신앙의 위대한 조직자가 되었다. 어거스틴(Augustine)은 기독교의 가르침들을 하나의 잘 짜인 세계관으로 발전시켰다. 이 점에 있어서는 칼빈(Calvin)이나 에드워즈(Edwards)도 마찬가지 공헌을 했다.

비교적 최근의 사람들로서는 핫지(Hodge)나 스트롱(Strong) 그리고 오늘날의 인물들로서는 유럽의 바르트(Barth), 미국에서는 보수신학 진영의 쉐이퍼(Chafer)와 벌코프(Berkhof), 자유신학 진영의 틸리히(Tilich)와 니버(Niebur) 등이 또한 기독교의 가르침들을 나름대로 체계화시켰다.

물론 모든 기독교 교사들이 한결같이 이상과 같은 업적을 거둘 수 없음은 명백하다. 그러나 우리가 기독교 교사들에게 지성적이고도 확신에 찬 세계관을 기대한다는 것은 가능할 뿐만 아니라 아주 당연한 일이기도 하다.

그리고 복음주의의 관점에서 보면, 이러한 세계관은 자연에 나타난 하나님의 계시에도 의거해야 하겠지만, 무엇보다도 하나님의 문자화된 계시인 성경에 그 토대를 둔 것이어야만 한다. 기독교 교사들은 이러한 세계관을 하나님의 말씀에 대한 개인적인 연구와—이것은 사실은 모든 기독교인들의 의무이기도 하다—위대한 기독교 사상가들에 대한 연구 그리고 기독교 세계관에 관한 교사들 사이의 토론 등을 통하여 발전시켜 나갈 수 있다.

기독교적 세계관을 형성하는 일에 가장 중요한 것은 단연코 하나님의 말씀에 대한 개인적인 연구다. 그럼에도 "모든 믿는 자들은 각각 성령의 인도하심 아래 성경을 해석할 수 있는 능력을 지닌다"라는 개신교의 원리가 흔히 자신들이 타종파로부터 공격을 받아 곤궁에 빠질 경우에만 강조된다는 것은 서글픈 일이다.

오늘날의 기독교인들은 대부분 그 마음이 극도로 게으른 상태에 빠져 있다. 그들은 성경을 해석하는 일뿐만 아니라, 심지어 성경을 읽는 일까지 전적으로 목사에게 맡겨버린다. 이렇듯 간접적인 방식으로 접근해서는 하나님의 계시된 말씀을 따라 모든 것을 보고 판단하는 그러한 사고체계를 수립하기란 불가능하다.

물론 단순히 교회에 출석하는 데 그치지 않고, 스스로 성경을 읽을 뿐만 아니라 성경 연구 집회에도 열심히 참여하는 사람들 가운데에도 하나님의 말씀이 자기 자신에게 직접적으로 무엇이라고 말씀하고 계시는가보다 다른 사람들이 그 말씀에 관에 무엇이라고 말하고 있는가를 더 중요시하는 사람들이 없는 것은 아니다. 솔직히 말해서, 비록 기독 교사 혹은 목사라고 할지라도, 자신의 매일 매일의 삶을 성경에 기초하여 살아갈 정도로 성경을 자신의 삶과 마음의 중심으로 삼고 사는 사람이 아니라면, 성숙된 기독교적 세계관을 획득할 수 없다.

몇년 전 프린스턴대학교 교수 찰스 오스굿(Charles Grosvenor Osgood)은 『은총의 수단으로서의 시』라는 소책자를 저술했는데, 그는 이 책에서 현대에 만연해 있는 물질주의에 대한 해독제 하나를 추천했다. 그가 제시한 해독제는 다름 아니라, 위대한 시인들 가운데 어느 한 사람에게 정통해 있어야 한다는 것이다. 그는 다음과 같이 말했다.

> 위대한 시인한 사람을 골라서 그를 당신의 친구로 삼으시오 … 매일같이 틈날 때마다 그를 생각하시오. 할 수 있는 한 자주, 그의 시를 조금씩이라도 읽으시오. 그래서 비록 부분적으로나마 그의 시를 당신의 삶의 한 부분으로 만들도록 하시오. 그러나 그의 시를 당신의 수준과 능력 이상으로 멋지게 설명해 볼 양으로 다른 사람들의 책을 들추거나 다른 사람들의 해설에 귀를 기울이지는 마시오. 무엇보다도 먼저 그의 시에 친밀해지시오. 그리고 그의 시 스스로가 자신을 설명하도록 하시오.

이렇게 한다면, 당신은 그의 시 가운데에서 매일같이 새롭고 신선한 것들을 발견하게 될 것이며, 그의 시를 읽거나 생각할 때마다 당신의 일상적인 삶에 대해서 새로운 생각과 새로운 감정 그리고 새로운 방안과 새로운 측면들이 당신의 마음 가운데 샘솟듯 솟아날 것이오. 그의 시는 이제 당신의 인생을 쓰라리고, 케케묵고 멋없는 것으로 만드는 어떤 요소라도 방지해 내는 해독제가 될 것이오.[6]

위대한 시인과 생생한 교제를 나누도록 권하는 오스굿 교수의 이러한 권고는 기독교인들이 성경을 어떻게 활용해야 할 것인가에 관해서도 좋은 길을 제시해 준다. 그리고 한 가지 덧붙여 말씀드리고 싶은 것은, 만약 시를 사랑하는 한 사람의 문학도가 시를 통해서 이러한 놀라운 치유를 얻는 것이 사실이라면, 우리 기독교인들이 성경의 말씀과 함께 살아나가는 법을 배울 경우 성경은 우리에게 그보다 훨씬 더 많은 것을 줄 것이라는 점이다.

이 자리에서, 필자 자신의 경험 한 가지를 소개하겠다. 필자는 벌써 여러 해 동안 유능한 영어 교사 한 분과 늘 친밀하게 지내면서 같이 근무를 하고 있다. 문학에 관한 그의 지식은 대학의 어떤 교수라도 결코 따를 수 없을 만큼 깊고 넓으며, 그에게 수업을 받았던 학생들은 모두가 한결같이 그에게 감사하고 있다.

이분이 영어 교사로서 뛰어난 재능을 지니고 있다는 것은 조금도 의심할 여지가 없다. 그가 셰익스피어나 밀턴을 가르칠 때 보면, 그

---

[6] Charles Grosvenor Osgood, *Poetry As a Means of Grace* (Princeton, 1941), p. 22.

는 참으로 권위가 있는데, 그의 그러한 권위는 그가 그 작품들을 얼마나 오랫동안 그리고 얼마나 깊이 사랑해 왔는가를 잘 보여준다.

그러나 그는 열렬한 기독교인이기 때문에 그에게는 영문학의 고전들에 대한 그의 헌신과는 또 다른 측면에서 항상 그의 삶의 터전을 이루는 책이 하나 있다. 바로 성경이다. 그의 마음은 항상 성경에 가 있으며, 매일같이 성경을 활용하고 또 꾸준하게 연구함으로써, 말 그대로 성경이 그의 마음을 만들어 놓고 있다. 그는 영문학에 관한 이야기를 하다가 잠깐 성경의 말씀을 언급하는 것 같은 일은 하지 않는다. 그는 계속해서 문학에 관한 이야기를 하지만, 그 문학을 다루는 그의 지성과 영혼은 항상 하나님의 말씀 안에 자리를 잡고 있다.

물론 그의 지성과 영혼이 하나님의 말씀 안에 자리를 잡고 있다고 해서 영문학 교사로서의 그의 재능이 떨어지는 것은 결코 아니다. 오히려 그가 참으로 기독교적인 세계관을 지니고 있었기 때문에, 그가 가르치는 소위 세속적인 교과의 수업들도 더욱 풍요로워질 수 있다. 그는 결코 영문학과 기독교를 억지로 짜 맞추려 들지는 않았다. 그럼에도 성경에 젖어든 그의 마음과 그의 인성으로부터 흘러나오는 기독교적 입장과 견해들이 그의 수업 가운데 아주 자연스럽게 전달되었다.

이 예는 실제 교육 현장에서 찾아낸 것이다. 이 예를 다시 한번 살펴보면, 우리는 이것이 학교에서 가르치는 모든 교과를 기독교와 효과적으로 통합시킬 수 있는 어떤 실제적인 방안을 보여주는 것임을 알 수 있다.

이제 이러한 단서가 사립 중등학교 교육이라는 영역에서 — 사실

이 분야는 필자가 가장 정통해 있는 영역이기도 하다—어떻게 적용될 수 있는가를 생각해 보겠다. 사립 중등학교들은 비록 그 수효에서는 공립 중등학교에 크게 뒤지지만, 기독교 교육의 측면에서 볼 때 그 중요성은 그 양적인 규모와는 비교가 안 될 정도로 크다.

이 학교들은 공립 학교에서는 보통 다루지 않는 영역들을 다룰 수 있는 귀중한 자유를 지니기 때문에, 기독교 교육에 관해서 여러 가지 다양한 시도들을 해볼 수 있다. 이들이 우리나라(미국-역주)에 끼친 공헌은 이미 적지 않지만, 그들이 만약 그들의 그러한 자유를 참된 기독교 교과들을 개발하는 일에 솔직하고도 담대하게 사용한다면 틀림없이 훨씬 더 큰 공헌을 할 수 있을 것이다.

이 학교들이 지니는 특징 가운데 하나는 교육 과정에 종교 과목을 포함시키고 있다는 점이고, 이들 학교가 지니는 문제 가운데 하나는 그러한 종교 과목들이 대부분의 경우 다른 교과들과 아무런 관련성도 지니지 못한 채 운영되고 있다는 점이다. 영적 진리를 다루는 종교 과목들은 마치 망망대해 가운데 외롭게 서있는 몇몇 조그만 섬들과도 같은 처지에 있다.

종교 과목들은 수학, 문학, 자연과학 혹은 역사 등의 교과들과 유기적인 관련성을 맺기는커녕 이들 교과들로부터 철저하게 격리되어 있다. 종교 과목들은 세속적인 현대 교육의 와중에 종교를 수호해야 하는 임무를 지닌 일종의 요새로만 여겨지고 있는 형편이다.

이들 종교 과목들은 영국의 시골에서 간간히 찾아볼 수 있는 중세의 성곽과도 같아서, 보기에는 아름답고 장엄하지만, 실은 오늘날 우리에게 지나간 시대의 영광을 보여주는 멋진 구경거리에 불과할 뿐 현대인들의 일상적인 생활들과는 단절되어 있다. 우리가 해야 할 일은 성곽을 둘러싼 깊은 도랑을 메우고, 기독교를 그 장엄한 성곽으로부터 밖으로 이끌어 내는 것이다.

이러한 목적을 달성하기 위해서는, 기독교와 성경을 모든 교육 과정의 실질적인 중심지가 되도록 계획을 세우지 않으면 안 된다. 이러한 방법은 혹시 무모해 보일지도 모르지만, 이것은 단순히 '이론적인 고안물'이 아니라 실제 학교생활 속에서 실험되어 그 효과가 검증된 방법이다.

5. 성경은 누가 가르쳐야 하는가?

필자가 생각한 방안을 간단히 소개하면 다음과 같다. 진리는 모두 하나님의 것이라고 믿으며 그리스도와 성경을 모든 교육 과정의 중심으로 삼기를 원한다면, 기독교 학교는 성경 과목을 다른 교과들로부터 완전히 분리된 독립적인 과목으로 생각하는 타성에서 하루빨리 벗어나야 한다. 그 대신 기독교 학교들은 수학이나 자연과학, 문학 등의 교과에 유능할 뿐만 아니라 동시에 성경도 잘 가르치는 교사들을 찾아내고 길러내도록 애써야 한다.

중고등학교에서 이러한 교사가 되기 위해서는 반드시 신학자가 되는 데 필요한 그러한 전문적인 신학 교육이 필요한 것은 아니다. 물론 그러한 전문적 신학 훈련도 아주 귀하지만, 무엇보다도 중요한 것은 기독 교사들이 앞서 말씀드린 영어 교사와 마찬가지로 그들의 영적이고 지적인 활동들의 뿌리를 성경에 두어야 한다.

기독교 학교에는 다른 과목을 가르치면서도 동시에 성경도 가르칠 수 있는, 또는 가르치고 싶어하는 교사들이 몇 명씩은 있을 것이다. 필자의 계획은 기독교 학교에는 각 학과마다 최소한 한 사람씩은 그러한 교사가 있어야 한다는 것이다. 실제로 이 목표들은 아주 부분적으로만 달성된다고 하더라도 기독교의 진리를 모든 교육 과정의 실질적인 중심지로 만드는 일에 커다란 진전을 가져올 것이다.

그 까닭은 이러하다. 역사 교사, 수학 교사 혹은 과학 교사 등의 교사들이 각각 자신들의 교과를 가르치는 동시에 또한 성경을 가르치는 교사가 된다는 말은 역사 교사, 수학 교사 혹은 과학 교사 등의 교사들이 하나님의 말씀을 가장 궁극적인 영적 권위를 지닌 것으로 소개하는 일에 종사해야 한다는 것을 의미한다.

이들은 성경을 가르치는 일을 통해 단순히 성경책과 계속해서 만날 뿐만 아니라—사실 이것은 참된 기독교인들이라면 누구나가 다 해야 할 일이기도 하다—성경이 말하는 바가 정확히 무엇인지 그리고 어떻게 해야 그 의미를 학생들에게 올바르고 효과적으로 전달할 수 있는지에 대해서도 고심하게 된다.

이처럼 성경의 진리와 실제로 씨름하다 보면, 그들은 마침내 하나님의 말씀과 그들이 가르치는 세속 교과와의 관련성을 깨닫게 되고야 말 것이다. 이렇게만 된다면, 그들이 가르치는 교과와 기독교는 억지스럽게 짜맞춘 계산된 방법이 아니라 아주 자연스럽고 직관적인 방식으로 상호 관련지워질 것이다. 이 계획이 확산되어 나감에 따라, 학교에서 가르치는 모든 교과 과정들은 기독교의 진리 안에서 점점 더 완벽하게 통합되어 갈 것이며, 성경은 마치 하나의 영적인 자석과 같이 다른 모든 세속 학문으로 하여금 영적인 특성을 띠게 하는 작용을 할 것이다.

물론 이러한 계획에 반대하는 사람들이 없는 것은 아니다. 예컨대 어떤 사람들은 성경은 아주 어려운 교과이기 때문에 전문적인 교육을 받은 사람만이 가르칠 수 있는 것이라고 주장한다. 성경을 효과적으로 가르치기 위해서는 성경에 관한 수많은 문헌과 주석서들을 공부해야 하고 히브리어, 헬라어, 라틴어 등의 성경 원어들에 익숙해야 하며, 한편으로 복잡다단한 역사비평의 방법들도 알고 있어야 하고, 신학 및 종교철학 분야에서도 체계적인 훈련을 받아야 한다는 것이다.

우리는 성경을 가르치는 교사들이 신학생과 같은 이러한 전문적인 과정을 밟는 것도 나름대로 가치가 있다는 점을 부인하지는 않는다. 그러나 이러한 전문적인 과정을 밟은 사람들만이 성경을 효과적으로 가르칠 수 있다는 주장은 분명히 잘못된 것이다.

전문적 신학 교육을 받은 성경 교사가 꼭 필요하기는 하다. 왜냐하면, 세속적 교과를 담당하는 교사들을 성경 교사를 겸하는 교사들로 길러 내기 위해서는, 학교에 지도 조언을 해줄 수 있는 전문적 신학 교육을 받은 성경 교사가 최소한 한 사람 이상은 있어야 하기 때문이다.

그러나 한편으로 세속 교과를 가르치면서 다른 한편으로는 성경을 가르쳐야 할 교사들에게는, 그들이 만약 교수법에 익숙하고 성경을 진심으로 존중하기만 한다면, 전문적 신학 교육을 받았느냐 받지 못했느냐는 그다지 문제가 되지 않는다. 과학 과목을 흥미진진하게 가르칠 수 있는 노련한 교사라면, 간절한 마음과 믿는 마음으로 하나님의 말씀을 연구하기만 한다면, 하나님의 말씀도 흥미진진하게 가르칠 수 있는 것이다.

우리는 주일학교에서 성경을 누구 못지않게 훌륭히 가르치고 있는 중등학교의 교사 몇몇 분들에게서 매 주일마다 이러한 사실을 확인할 수 있다. 성경의 말씀에 따르기를 원하며 성경의 핵심적 내용들을 학생들에게 알려주기를 열망하는 교사들이라면, 주일날 교회에서뿐만 아니라 평일날 학교의 성경 수업 시간에도 훌륭하게 가르칠 수 있을 것이다.

이 계획에 대한 또 하나의 반대의 주장이 있는데, 이것은 순전히 실제적인 입장에서 제기된 것이다. 세속 교과를 가르치는 교사들을 성경 교사로 길러감으로써 세속 학문들과 성경을 묶으려는 계획은 듣기에는 그럴듯해 보이지만, 실제로는 불가능한 일이라는 것이다. 이 계획이 제대로 구현되기 위해서는 세속적 학문에 능할 뿐만 아니라 노련한 교사이기도 하고 동시에 성경에도 열심인 교사들이 필요한데, 그러한 교사들을 구하기가 과연 쉽겠냐는 지적이다.

이러한 반대 주장에 답하기에 앞서 필자는 겸손한 심정으로 이 계획이 단순히 탁상 공론가에 의해 수립된 것이 아님을 다시 한번 말씀을 드린다.
 필자는 기독교 학교를 30여 년 동안 직접 경영해 왔다. 교육에 관한 필자의 지식은 그 대부분이 이러한 매일 매일의 일상적인 경험들을 통하여 획득된 것들이다. 진정한 기독교인 교사를 구하기가 무척 어렵다는 것은 사실이다. 진정한 기독교인 교사를 구하려고 오랫동안 애써온 학교 행정가가 아니라면, 그것이 얼마나 어려운 일인가 하는 것은 아마 상상하기 힘들 것이다.
 로마가 하루아침에 이루어진 것이 아닌 것과 마찬가지로, 진실된 기독교인 교사진도 하루아침에 이루어질 수 없다. 그것은 장기간의 노력을 통하여 서서히 자라나는 것이다. 말은 그럴듯하지만 매일매일의 실제 삶은 그렇지 못한 교사들이 있다. 이것은 확고한 신앙원칙에 입각하여 설립된 기독교 계통의 학교나 대학에서 행정을 담당하는 분들이라면 누구나 다 겪어본 실망스러운 일이다. 진실된 기독교인 교사를 선발하는 데에는 사람을 잘 알아보는 눈보다 더 믿을 만한 것은 없다.
 그러나 이러한 능력은 이런 사람 저런 사람들을 겪어본 뒤에나 얻게 되는 경험적인 것이며, 이러한 경험적 능력조차도 사실은 그렇게 신뢰할 만한 것이 못 된다. 이렇게 볼 때, 참된 기독교인 교사진을 갖추는 일은 결국 상당한 정도의 시행착오를 거쳐서 이루어질 수밖에 어쩔 도리가 없는 것이라고 하겠다.
 그럼에도 진실한 기독교인이면서 동시에 자신의 전공과목에도 유능한 교사진을 갖추는 일은 분명히 실행 가능한 일이다. 여기서 말하는 '진실한 기독교인'이란, 남들이 다 그리스도를 구세주라고 부르니까 자기도 덩달아 그렇다고 말하는 것이 아니라, 스스로의 자각에 의해서 그리스도를 구세주라고 부르는 사람을 가리킨다. 종파가 같으냐 다르냐는 본질적인 문제가 아니다. 오직 참된 신앙인이냐 아니냐만 중요한 문제다. 일단, 진실한 기독교인이면서 동시에 자신의 전공과목에도 유능한 교사들로 진용(陣容)이 짜이면, 혹은 짜이기 시작한다면, 그들 가운데에서 유능한 성경 교사가 될 사람을 구하기는 아주 쉬운 일이 될 것이다.

자신의 교과뿐만 아니라 성경도 잘 가르치는 교사가 되는 일의 관건은 이 일이야말로 참으로 위대한 일이라는 강한 확신과 꼭 그러한 교사가 되고야 말겠다는 강한 의무감이 있느냐다. 물론 가장 훌륭한 기독교 학교에 있는 교사들이라고 하더라도 모든 교사들이 다 이러한 성경 교사로 될 수 있는 것은 아니다.

그러나 '성경 읽기'를 단순한 종교적 의무로서 수행하는 것이 아니라, 자신의 영혼을 성장시키는 일에 필수불가결한 영적 음식을 섭취하기 위한 일로서 하는 교사들이 모여있는 학교라면, 이 일을 담당할 사람 몇명 정도는 틀림없이 찾아낼 수 있을 것이다.

이 일은 모든 일에 먼저 하나님의 영광을 생각하는 진실한 기독교인 교사라면 꼭 해야 할 위대한 일이다. 물론 이 일은 아주 어려운 일이다. 그러나 하기가 무척 어렵다는 바로 그 점 때문에 이 일은 더욱더 해볼 만한 것이다. 알프레드 화이트헤드(Alfred North Whitehead) 교수는 언젠가 이런 말을 한 적이 있다.

교육의 기술은 결코 쉽게 획득되는 것이 아니다. 교육의 기술을 획득하는 과정에서 극복해야 할 여러 가지 어려움들은 … 뛰어난 천재성을 요구한다. 교육이란 다름 아닌 영혼을 단련시키는 일이기 때문이다.[7]

그러나 기독교 교육을 하는 데 뛰어난 천재성은 차치하고라도 천재성과 같은 것이 필요하다고 주장할 사람은 아무도 없다. 이러한 점은 성경을 가르치는 일과 불가분의 관련을 지니는 목회활동의 경우도 마찬가지다. 왜냐하면, 기독교인들은 '천재성'보다도 훨씬 더 좋은 것을 지니고 있기 때문이다.

예수님을 주인으로 섬기는 우리 기독교인들이 주님의 일을 하다가 성령의 인도하심을 간구할 때는 언제나 필요한 지혜와 능력을 어김없이 주시겠다는 확실한 약속을 바로 그 예수님으로부터 받아 가지고 있는 것이다.

---

[7] Alfred North Whitehead, *The Aims of Education and Other Essays* (New York, reprint 1949), p. 62.

제4장

교과와 진리

끝으로 형제들아 무엇에든지 참되며 무엇에든지 경건하며 무엇에든지 옳으며 무엇에든지 정결하며 무엇에든지 사랑 받을 만하며 무엇에든지 칭찬 받을 만하며 무슨 덕이 있든지 무슨 기림이 있든지 이것들을 생각하라(빌 4:8).

1. 교사로부터 교과로

세속적인 학문을 담당하는 교사에게 성경 과목도 같이 맡도록 하는 정책을 채택한다면, 학교의 모든 교과 과정을 기독교와 통합시키는 일은 일단 시작이 된 것이다. 이러한 학교에서는 멀지 않은 장래에 성경적 진리들이 교과들 사이에 높이 둘러쳐진 장벽을 넘어 들어갈 것이며, 생물학적인 표현을 사용한다면 소위 세속적인 학문들과 이화수분(異花受粉, 같은 종류의 식물에서 다른 그루의 꽃으로부터 암술이 꽃가루를 받는 일-역주)을 하게 될 것이다.

그리고 세속적인 학문들과 기독교를 통합시키는 이와 같은 일이 어느 정도까지 진척될 것인가는 전적으로 교사들이 하나님의 말씀에 어느 정도로 뿌리를 내리고 서있느냐에 따라서 좌우될 것이다.

대부분의 사람들은 "뿌리를 내리고 서있다"라는 말을 겉으로 드러난 현재의 상태만을 의미하는 말로 받아들였다. 그러나 "뿌리를 내리고 서있는" 당사자인 기독교인에게는 "뿌리를 내리고 서있다"라는 말은 "진리 안에서 성장해 나간다"는 의미다. 성경 안에 깊이 뿌리를 내리고 있는 까닭은, 성경으로부터 영적인 영양분을 공급받기 위한 것이다.

그리고 우리가 성경으로부터 영양분을 공급받는다는 말은, 단순히 기독교적 교리들을 좀 더 정확히 알게 된다는 것보다는 훨씬 더 크고 귀한 것을 의미한다. 그것은 하나님의 진리에 대한 우리의 지식이 성장한다는 것과 그 깨달은 바를 다른 사람들에게 열심히 전하며 매일매일의 삶 속에서 실천한다는 것을 의미한다.

지금 말씀드린 말들은 비록 교사의 문제에 초점을 맞추고 있지만, 다른 한편으로 강연의 화제를 교사의 문제로부터 교과의 문제로 바꾸어 주는 돌쩌귀 같은 역할을 한다. 이제부터는 화제를 교과의 문제로 돌려서 기독교와 다른 학문들과의 관련성을 집중적으로 살펴보겠다.

교과의 문제들을 다룰 때에는 신중하게 생각해야 할 일들이 상당히 많다. 예컨대 어떤 사람들은 성경과 과학은 한 문제 한 문제씩 일일이 따져가면서 강제적으로 조정시키지 않으면 안 된다고 주장한다. 그러나 우리는 성경과 과학이 아무런 공통점도 없이 서로 대립되기만 한다고 생각해서는 안 된다. 또한, 통합을 추진하는 일에서 가장 중요한 역할을 담당하는 것은 누가 뭐라고 해도 교사라는 생각은 옳은 것이다.

그러나 그렇다고 해서, 성경에 계시된 진리와 우리가 자연 가운데에서 발견한 진리들 사이에 존재하는 무수한 연관성들이 통합의 문제를 추진하는 일에 아주 중요한 역할을 한다는 점을 무시해 버려서도 안 될 것이다. 우리는 오히려, 성경에 계시된 진리와 우리가 자연 가운데에서 발견해 낸 진리들 사이에 존재하는 이러한 무수한 연관성들이야말로, 모든 학문을 하나님 아래에 통합시키는 일에 필수불가결한 안내자들이라는 점을 알아차려야 한다.

그런데 교사의 문제에서 교과의 문제로 옮겨 논의를 진행시키기 위해서는 먼저 수많은 학문의 영역들 가운데에서 몇몇 영역을 선택하여 말씀을 드리는 것이 좋을 것 같다. 왜냐하면, 중요한 영역들을 하나씩 일일이 검토한다는 것은 시간의 제한상 불가능한 일이기 때문이다.

우선 기독교와 통합되기가 가장 어려운 교과를 하나 선택하여 말씀을 드리고, 다음으로 기독교와의 통합이 비교적 손쉬운 영역에서 대표적으로 한 교과를 선택하여 말씀을 드린 후에, 최종적으로 예능이라는 색다른 그러나 기독교와 아주 밀접한 관련을 지니는 분야에서 또 하나의 교과를 선택하여 검토해 보겠다.

2. 통합이 가장 어려운 교과

　기독교와 통합하기가 가장 어려운 교과는 과연 어떤 교과일까?
　통합의 문제를 거론할 때에 기독교 교육 학자들은 대부분 가장 손쉽게 통합될 수 있는 영역인 역사, 문학, 과학 등의 영역은 강조하지만 수학의 영역에 대해서는 하나같이 언급을 회피한다.
　"수학과 기독교 사이에 어떤 공통적인 기반이 있을 수 있는가?"
　이 질문에 대해서는 으레 부정적인 대답이 내려지리라고 예측한다. 그러나 이 질문에 대한 올바른 대답은 그 둘 사이에 어떤 공통적인 기반이 있다는 것이다. 역사상 가장 위대한 수학자들 가운데 한 사람인 파스칼(Pascal)과 같은 사람이 바로 그 공통적인 기반을 발견해 낸 대표적인 예다. 파스칼의 진면목은 샤토브리앙(François-René de Chateaubriand)의 다음과 같은 감동적인 말 가운데 잘 나타나 있다.

　　옛날에 한 사람이 있었다. 그는 12세에 막대와 원으로 수학의 한 분야를 창안해 내었고, 16세에는 원추곡선에 관한 논문을 썼는데, 그 논문은 그리스 시대 이후 가장 박식한 것이었다. 19세에는 전적으로 마음속에서만 이루어졌던 수학의 한 분야를 기계화해 놓았으며, 23세에는 대기의 압력을 실증해 보임으로써 고대 물리학자들이 범했던 가장 큰 오류 가운데 한 가지를 바로잡았다.
　　다른 사람들의 경우라면 이제 겨우 과학에 눈뜨기 시작할 나이에, 그는 벌써 인간이 쌓아온 과학의 전 영역을 섭렵했으며, 그 모든 과학이 결국은 허무한 것임을 깨닫고 종교에 귀의했다. 그 이후 39세의 나이로 세상을 떠날 때까지 그는 항상 병약하여 질병에 시달리는 가운데에서도 보쉬에(Bossuet)와 라신(Racine) 같은 위대한 극작가들의 뒤를 이어받아 언어를 아름답고 간결하게 다듬어 냄으로써 그들이 못 다한 일들을 마무리지어 놓았다.

그 결과 그의 글은 가장 완벽한 재치와 가장 강력한 논리를 구사하는 글의 한 전형이 되었다. 이 사람은 결국 질병에 시달리는 가운데서도 간간이 차도가 있는 때를 이용하여 기하학상 가장 큰 문제 하나를 소일거리 하듯이 해결했으며, 흩어져 있던 종잇조각 위에 그의 생각들을 끄적거려 놓았는데 그 글들은 인간에 대해서만이 아니라 하나님에 대해서도 올바른 사상을 간직한 것이었다. 이 경외스러운 천재가 바로 블레즈 파스칼(Blaise Pascal)이다.[1]

파스칼은 1658년과 1659년 사이에 "기하학자의 마음"(The Mind of the Geometrician)이라는 제목의 논문을 썼는데,[2] 이 글에서 그는 기독교적 사고의 틀과 수학은—이 경우에는 기하학—인식론적인 수준에서 공통적인 기반을 지니고 있음을 잘 보여주었다.

기하학은 비록 나름대로 명확하게 규정해 놓은 공리들을 '자명한 진리'로 내세우지만, 기하학 자신의 힘으로 그것들이 진리임을 증명해 낼 수는 결코 없는데, 그 까닭은 기하학이 본질적으로 검증이 불가

---

1 François-René de Chateaubriand, *Genie du christianisme* (Paris, 1826-31), p. 8.
2 *Great Shorter Works of Pascal*, translated by Emile Cailliet and John C. Blankenagel (Philadelphia, 1948), pp. 189-202.

능한 것들에 그 기초를 두고 있기 때문이라는 점을 파스칼은 이미 간파하고 있었다. 그는 또한 시간, 공간, 운동, 균형 등과 같은 기본적인 개념들도 이러한 점에서는 역시 마찬가지일 것이라고 생각했다.

나아가서 그는 "어떤 사건에는 그 사건을 발생시킨 원인이 반드시 있다"라는 인과론조차도 그 진리 여부가 검증될 수 없는 종류의 주장이라는 현대 과학의 견해를 예측했다. 우리가 흔히 자명한 진리라고 생각하는 인과론조차도 사실은 그 진리성 여부를 검증할 수 없는 것이라는 주장은 독일의 과학자인 막스 플랑크(Max Plank)에 의해서 제기된 것인데, 그는 "그럼에도 인과론은 우리로 하여금 사건들의 미로 속에서 길을 찾아나가도록 인도해 주는 아주 귀중한 나침반과 같은 것"이라고 주장했다.[3]

파스칼이 보기에 기하학자들의 과업은 "이미 발견된 진리들을 더 이상의 부연설명이 필요하지 않게 되기까지 명료화시켜 나가는 방법"을 획득하는 것이었다.[4] 그는 다음과 같이 주장했다.

> 이 모든 기하학적 진리들은—어떠한 사물에서나 다 찾아볼 수 있는 무한대와 무한소라는 두 가지 종류의 무한성까지도 포함하여—결코 검증될 수 없다. 그러나 이 진리들이 검증될 수 없는 까닭은 그들이 모호하기 때문이 아니라, 너무도 명백하기 때문이라는 점을 생각할 때, 그 진리들이 검증될 수 없다는 점은 결점이라기보다는 오히려

---

3 Ibid., pp. 29, 30.
4 Ibid., p. 189.

탁월성의 징표가 된다. 이렇게 보면 우리는 기하학이 어떤 사물들의 특성을 규정하려는 것이거나 혹은 어떤 원리들의 진위를 검증하려는 것이 아니라, 사물들과 원리들 안에 이미 내재되어 있는 논증할 여지가 없는 극도의 자명성을 드러내어 보이려는 학문에 불과한 것임을 알 수 있다.[5]

그렇다면 그러한 자명한 수학적 진리들은 어떻게 발견되는 것일까?

파스칼에 의하면 이러한 자명한 진리들은 직관을 통해 발견된다. 인간은 이 자명한 진리들을 마음을 통하여 본능적으로 알아본다는 것이다. "우리는 하나님을 이성으로써가 아니라 마음으로써 알아본다"라는 파스칼의 유명한 경구는 이러한 사실을 잘 표현하고 있다.[6]

이에 파스칼은 『설득의 기술』(The Art of Persuasion)이라는 글에서 "수학적으로 자명한 진리들은 자연 가운데에서는 결코 찾아볼 수 없는 종류의 것들이다. 오직 하나님만이 이러한 진리들을 마음 내키는 대로 인간의 마음속에 집어넣어 주실 수가 있는 것이다"라고 말했는데,[7] 이러한 말은 신학적 진리에 대해서도 그대로 적용되는 말이다.

이렇듯, 기하학에 대한 파스칼의 태도는 마치 신학적 진리들을 다루는 신학자와 별다를 바가 없다. 파스칼이 기하학에 대한 자신의 이러한 입장을 신학에 그대로 적용시킨 것이 바로 "사람들이 하나님의

---

5 Ibid., p. 196.
6 *Pensees*, translated by W. F. Trotter (New York, 1931), p. 78.
7 Op. cit. pp. 202, 203.

존재를 증명하려고 애쓴다는 사실은 그들의 마음에 하나님께 대한 믿음이 들어있음을 말해주는 것"이라는 주장이다.[8]

파스칼의 이러한 견해는 유물론자와 자연론자들이 신봉하는 독단적 합리주의에 대해 중대한 반론을 제기한다. 기하학자들의 사고에서 가장 기본적인 재료가 되는 소위 '자명한' 공리들은 사실은 그 진위를 검증할 수 없는 성질의 것들이다. 그리고 이것은 기하학뿐만 아니라 현대의 비유클리드 기하학이나 수학의 다른 분야들에서도 똑같이 적용되는 원칙이다.

이들 '공리'들은 이처럼 본실상 검증 불가능한 것들이지만, 우리는 일단 이것들을 타당하고 올바른 것으로 받아들인 뒤에 그들의 의미를 좀 더 명확하게 규정해서 사용하고 있는 것이다. 과학 및 인간 생활의 수많은 영역에 걸쳐 무수히 적용되는 수학의 광범위한 전 체계들은 알고 보면 바로 이러한 공리들을 그 토대로 삼아 구축된 것에 불과하다.

기독교의 경우도 이와 같다. 기독교의 기본적인 공리들도 역시 인간의 논리로써는 그 진위 여부를 검증할 수 없는 성질의 것들이다. 우리는 단지 그 공리들을 마음으로 느껴 알 수 있을 뿐이다. 우리는 그 공리들을 일단 신앙으로 받아들인 뒤에, 그것들을 좀 더 명확하게 규정하여 사용함으로써, 기독교적 삶과 기독교적 인격이라는 무한한 영역에서 많은 열매들을 맺어가는 것이다. 이처럼 기독교적인 공리들도 역시 "논증할 여지 없는 극도의 자명성"을 지닌다.[9]

---

[8] Ibid., p. 30.
[9] Ibid., p. 196.

물론 기독교와 수학 사이에 상호 이해가 이루어질 수 있는 영역이 단지 이러한 인식론적인 분야에만 국한되는 것은 아니다. 예컨대 우리가 사는 이 세상과 전 우주 사이에 편만해 있는 숫자와 질서들 또한 기독교와 수학을 매개해 주는 분야가 될 수 있다. 성경에 나오는 기본적 숫자들에는 어떤 영적인 의미가 깃들어 있다는 사실은 아마 중세인들이 현대인들보다도 더 잘 알았던 것 같다.

에밀 말(Émile Mâle)은 『13세기의 종교예술』이라는 그의 유명한 저술에서, 성당과 관련된 숫자들이 지니는 상징적 의미들을 훌륭하게 파헤쳤다.[10] 그는 성당을 '돌로 된 성경책'이라고 했는데 그의 이러한 표현은 아주 멋진 것이다.

그리고 중세의 가장 위대한 시인이었던 단테(Dante)도 숫자에 다가 많은 영적인 의미들을 부여했다. 그의 『신곡』은 "지옥편," "연옥편," "천국편"의 삼부작으로 되어있는데, 각 부는 다시 33장씩으로 나뉘어 있으며, 지옥은 아홉 계로 연옥은 일곱 층으로 그리고 천국은 구중천으로 되어있는 등 갖가지 상징적 숫자들로 꽉 차 있다.[11]

갈릴레오(Galileo)는 "자연이라는 위대한 책은 숫자라는 언어로 쓰여있다"라고 했는데, 제임스 진스(James Jeans) 경은 이에 대해 "이 말은 참으로 맞는 말이다. 우주의 본질을 파헤치려고 애쓰는 과학의 여러 영역들을 충분히 이해할 수 있으려면 수학자이지 않으면 안 된다"라고 논평했다.[12]

---

10 Emile Mâle, *L'Art Religieux du XIIIe Siècle en France* (Paris, 1898), pp. 6-18.
11 Ibid., p. 16.
12 Sir James Jeans, *The Mysterious Universe* (New York, 1930), p. 136.

그리고 진스 경은 또한 "이 우주를 건축한 위대한 조물주는, 창조계의 본질적 특성으로 미루어 볼 때, 아마도 위대한 수학자가 아닌가 하는 생각이 든다"라고 말했는데,[13] 이 말은 고대의 철학자들이 "신은 기하학적으로 생각하신다"라고 말했던 것을 현대적으로 재해석한 것이라고 볼 수 있다.

천문학의 전 체계는 혹성과 별들의 움직임이 수학적 법칙에 따라 정확하게 이루어진다는 데에 그 토대를 두고 있다. 결정학(結晶學, crystallography)은 광석 및 화학의 분야에 적용이 되는 입체 기하학으로서, 비할 데 없는 아름다움과 완선싱을 지닌다. 음계의 각 음표들은 언제나 자신의 진동수를 정확히 유지한다.

B.C. 6세기경에 피타고라스는 만약 장력이 같다면 높은음을 내는 현과 낮은음을 내는 현의 길이 사이에는 일정한 산술적 비율이 성립한다는 사실을 발견함으로써, "만물은 수로 되어있다"는 그의 사상에 확신을 가지게 된다.

피타고라스는 수가 바로 우주의 핵심이라고까지 생각했다.[14] 음계에조차 이처럼 어떤 수학적 질서가 존재한다는 사실은, 역사상 최초로 수학을 모든 과학의 기초로 삼았던 사람인 피타고라스의 마음을 사로잡기에 충분한 것이었다.

음계뿐만이 아니다. 사실 이 우주를 구성하는 모든 요소들은 한결같이 수학적 질서를 따르고 있다. 하나님께서 욥에게 "눈 곳간"에 대

---

[13] Ibid., p. 144.
[14] *Encyclopaedia Britannica* (New York and Chicago, 1938), vol. 18, p. 803.

해서 말씀하셨을 당시는, 현미경 따위는 꿈도 꿀 수 없는 아득한 옛날이었다(욥 38:22). 그러나 반짝거리는 작은 눈송이들은 그때에 이미 갖가지 기하학적 방식으로 아름답게 꾸며져 있었던 것이다.

이러한 놀라운 사실들을 고려해 볼 때, 수학을 송두리째 세속적인 학문이라고 취급하는 것은 잘못이다. 사실 '순수 과학'이니 '순수 수학'이니 하는 낡은 명칭들은 이미 그 타당성을 잃어버렸다. 프린스턴(Princeton)대학교의 학장인 가우스(Gauss) 씨가 지적한 것처럼 '순수'(pure) 학문이라는 말은 그들 학문이 자신들의 분야가 마치 그들 자신만의 고유한 것인 양 단정해 버렸기 때문에 비롯되었다.[15] 그러나 그 가정은 잘못된 것이다. 빈틈없이 수학적으로 짜인 세계, 그것이 바로 하나님께서 만드신 이 세상이며, 이러한 의미에서 볼 때 수학적인 분야도 하나님의 것이다.

엠허스트(Amherst)대학의 윌리엄스(Williams) 교수는 자신의 학창시절을 다음과 같이 감동적으로 묘사했다.

그 젊은이는 대학시절 중에 별을 보고 시간을 측정해 내기 위해 천문 관측기의 접안렌즈 앞에 처음 앉았을 때의 흥분과 감동을 결코 잊을 수 없었다. 몇해 전에 천문학자들은 자정 이후에 '알파카시오페아' 별의 움직임을 관측기로 추적하면 망원경의 시선이 지평선으로부터 몇 시, 몇 분, 몇 초만큼 올라가느냐 하는 것과 그 별을 관측

15　Christian Gauss, *The Teaching and Religion in Higher Education* (New York, 1951), p. iii.

하는 시간이 몇 시, 몇 분, 몇 초인가 하는 것이 정확하게 일치한다는 사실을 알아내었다.

옆방에는 항성시계가 똑딱거리며 항성시간을 재고 있었다. 관측자의 바로 옆에는 크로노그래프라는 회전하는 둥근 통으로 된 장치가 항성시계의 똑딱거림을 기록하고 있었다. 관측자는 전자열쇠를 사용하여 '알파카시오페아' 별이 관측기의 시계에 있는 자오선을 통과하는 정확한 시간을 크로노그래프의 시간의 기록 위에 덧붙여 표시를 할 수가 있었다.

그 젊은이는 망원경을 열심히 들여다보고 있었다. 예정된 시간까지는 아직 몇 초가 남아있었다. 그러나 그는 떨리는 손으로 전자열쇠를 꼭 잡고 숨을 죽인 채 접안렌즈에서 눈을 떼지 못했다. 혹시 그 별이 어디에선가 조금 늦어져서 지금 막 달려오고 있지만 예정된 시간에 맞추지 못할 수도 있는 일이었다.

'그러니 꼼짝 말고 계속해서 잘 지켜보아야겠어!'

망원경으로 시계를 처음 살펴볼 때에는 분명히 아무런 별도 보이지 않았으나 몇 초가 흐르자 아! 그 별이 시계의 한쪽 편에서 불쑥 모습을 나타내는 것이었다. 그것도 아주 정확한 시간에.

'자! 이제 됐다. 준비, 누르자.'

찰칵! 그는 전자열쇠를 돌렸다. '알파카시오페아' 별은 마감 시간에 꼭 맞추어서 목표지점에 도달했던 것이다. 사람이 만든 시계는 빨리 가기도 하고 늦게 가기도 하지만, '알파카시오페아' 별은 결코 그렇지 않았다. 하늘들이 하나님의 영광을 선포하고 창공이 그의 만드신 솜씨를 나타내고 있었다. 법칙과 질서가 이 우주의 지도원리라는 점이 다시 한번 분명해졌다.

이 풋내기 젊은이는 때마침 확률 이론을 배워 알고 있었으므로 … 이렇게 결론 내렸다.

'우연에 의해 움직이는 체계 안에서는 결코 알파카시오페아 별과 같은 운동은 일어날 수 없다. 천체의 운동들은 너무도 광대하고 너무도 복잡한 것이므로 이 운동이 그토록 규칙적이고 정확한 체계를 이루기 위해서는 초인적인 지혜가 있어야만 한다.'

이 우주는 그 운행을 통하여 자신이 어떤 특정한 목적을 지닌 존재임을 스스로 나타내 보이고 있었다.[16]

결국 우리는 다음과 같은 결론을 내릴 수밖에 없다. 즉 하나님의 진리 구조는 하나님께서 일하시고 생각하시는 방법과 밀접하게 관련되어 있는 이러한 학문들도 그 속에 포함하는 것이어야만 한다. 따라서 기독교인 수학 교사는 수학과 기독교가 공동의 토대로 공유하는 이러한 자명한 진리들에 대해서도, 다시 말하면 자연계와 예술계의 도처에 존재하는 수와 질서 그리고 별들의 움직임과 수학적 계산의 완전한 일치 등과 같은 점들에 대해서도 잘 알고 있어야 한다.

이러한 사실들과 그밖에 이와 유사한 사실들을 토대로 한다면, 기독교인 수학 교사는 그가 가르치는 수학을 통하여 우리가 보통 생각하는 것보다 훨씬 더 많은 하나님의 진리들을 학생들에게 전해줄 수

---

[16] "The Laws of God: A Physicist's Faith," *The Christian Century* (25 February 1953).

있을 것이다. 기독교 젊은이들은 거대한 산들과 끊임없이 굽이치는 대양 그리고 무수한 별들로 수놓인 하늘을 바라보면서 창조주 하나님의 위대하신 솜씨에 경탄하는 것과 마찬가지로 수학적 진리를 바라보면서도 하나님의 놀라우신 지혜에 경탄할 수 있어야 한다.

3. 문학과 기독교의 통합

수학과 성경적 관점을 연결시킬 수 있는 공통적 기반에 관한 앞선 논의가 통합의 모든 문제를 빠짐없이 다 다룬 것이라고 볼 수는 없다. 그것은 단지 기독교적 세계관을 지닌 사람들이 탐구해야 할 거대한 문제에 접근하는 하나의 방식을 보여준 것에 불과하다. 이제 우리는 관심을 돌려서 문학의 영역에 초점을 맞추고 이 문제를 검토하기로 하겠다.

물론 수학의 경우와 마찬가지로 이 영역에서의 논의만으로 통합의 모든 문제들을 다 다룰 수 있는 것은 결코 아니다. 문학은 통합의 가능성이 높은 분야일 뿐만 아니라 통합의 기능성이 다양한 분야이기도 하다. 영문학이든 혹은 다른 언어권의 문학이든, 문학에는 기독교와 문학을 연결 지을 수 있는 길이 아주 다양하기 때문에, 그 많은 길들 가운데에서 어떤 것을 선택해야 할지 곤란할 정도다.

책들, 특히 문학 작품들은 그 대부분이 마치 거울과 같이 삶의 다양한 측면들을 있는 그대로 반영한다. 그리고 기독교는 사람들이 보다 풍성한 삶을 누릴 수 있도록 하려는 것이다. 기독교와 문학은 이처럼 '인간의 삶'이라는 그야말로 광범위한 영역을 공통의 기반으로 공유하기 때문에 그 관련성 또한 다양할 수밖에 없다. 기독교와 문학은 모두 인간성의 근원에 대해 관심을 가지며, 그 본성이 밖으로 표출된 '인간 행동'이라는 문제를 다룬다.

기독교와 수학을 관련시켰던 것과 유사한 방식으로 기독교와 문학을 관련시키려는 이러한 시도는 이쯤 해서 그만두기로 하겠다. 성경도 하나의 문학이라는 측면에서 보면, 성경과 문학의 통합은 성경과 수학의 경우처럼 이질적인 두 분야를 통합해야 하는 문제가 아니라, 같은 분야 내의 두 영역을 통합해야 하는 문제이기 때문이다.

물론 성경과 문학의 통합이 완전히 동등한 두 영역의 통합인 것은 아니다. 성경은 분명히 사람이 쓴 글이지만, 결코 거기에 그치는 책이 아니기 때문이다. 성경은 영감이라는 요소로 인하여 인간이 쓴 책들과는 무언가 다른 책이기도 하다. 성경과 성경 이외의 다른 책들과의 차이는, 마치 그리스도와 그리스도 이외의 다른 사람들과의 차이와 비슷하다.

그리스도는 틀림없이 인간이다. 그러나 그는 사실 보통의 인간이 아니라, 어떠한 종류의 결함도 없고 손상되지 않은, 온전하고도 완전한 인간이다. 따라서 그리스도는 우리 불완전한 인간들이 보고 따를 수 있는 이성임과 동시에 우리 보통 인간들의 부족함을 판단하는 척도이기도 하다.

그리스도는 또한 틀림없는 인간임과 동시에 틀림없는 하나님이시다. 그는 육신을 입고 나타나신 하나님이시며, 우리가 하나님이라고 부르는 바로 그분이다. 바로 이 점에서 그리스도는 인간임에도 우리 인간들과는 단순히 정도상의 차이만이 아니라 무엇보다도 본질적인 측면에서 현격한 차이를 지닌다.

자! 이제는 성경과 일반 문학 작품들과를 비교해 보겠다. 성경은 분명히 사람이 쓴 글이다. 그러나 성경은 다른 책들에서 찾아볼 수 없는 온전함과 신실성을 지니며, 나아가서는 신성을 지닌 책이기도 하다. 오랜 옛날부터 기독교인들은 성경이 특별한 영감을 지닌 책이라는 점을 인정했다.

무수한 신앙인들의 삶을 보면 우리는 성경이 그 어떤 책과도 다른 종류의 책임을 쉽게 알아차릴 수 있다. 성경 안에는 하나님의 영이 역사하고, 또한 하나님의 영은 성경의 말씀들을 통하여 역사하신다. 그러나 다른 문학 작품들은 결코 그렇지 못하다.

기독교인 교사들은 성경을 모든 책의 모형으로 생각할 뿐만 아니라 다른 모든 책들의 진위와 선악을 밝히는 준거 체계라고 생각한다. 사물의 본질에 관한 문제에는 이 책이 표준이 된다. 그리고 이 책은 고대 동양의 책임에도 현대 서구 문학적인 측면에서도 상위에 속한다. 오늘날의 책들은, 비록 아름다운 문장들로 치장되어 있지만, 성경과는 현격한 차이를 보인다.

성경은 이처럼 문학 작품으로서도 칭송과 높은 평가를 받을 만하다. 그러나 성경의 가장 중요한 기능은 다른 곳에 그리고 보다 더 높은 곳에 있다. 아주 솔직하게 말씀드려서, 이 책은 생명의 책이다. 이 책은 또한 인간 행동의 근원이 무엇이며, 그것이 과연 선한가 악한가를 밝혀주는 도덕책이기도 하다. 이 책은 우리의 선악과 잘 잘못을 평가하는 일에 척도가 되는 진리를 담고 있다.

이 책은 매튜 아놀드(Matthew Arnold)가 생각했던 것보다도 훨씬 더 고귀한 의미로서의 '능력'을 지닌 책이다. 왜냐하면, 이 책은 악한 사람을 선한 사람으로, 죄인을 성자로 변화시키는 비할 바 없이 강한 힘을 지니고 있기 때문이다. 이 책은 또한 그리스도를 소개하는 책이기도 하다. 성령께서는 아주 독특한 방식으로, 성경의 매 구절을 통하여 우리가 '살아계신 구세주'에 대하여 곰곰이 생각해 보도록 인도하고 계신다.

요컨대 이 책은 만물과 모든 문학 작품과 모든 시대의 궁극적인 척도가 되는 그러한 놀라운 책이다.

문학과 기독교적 세계관을 통합시키는 문제는 결국 하나님의 말씀인 성경 안에 서있는 교사에 의해서만 실현될 수 있다. 그리고 오늘날 이러한 교사들이 수많은 학급에서 성경과 문학을 통합하는 문제를 훌륭하게 해결하고 있다는 것도 엄연한 사실이다. 앞에서 이미 말했던 것처럼 문학과 기독교가 연결될 수 있는 고리는 참으로 많다. 예수께서도, 하늘나라에 대해서 말씀하시는 가운데, "(하늘나라가 자라나는) 밭은 바로 이 세상"(마 13:38)이라고 말씀하셨다.

우리가 사는 이 세상은 도덕적이고 영적인 선택과 결단을 요구하는 문제들로 가득 차 있는데 이 문제들은 위대한 작품들의 주제이기도 하다. 예일(Yale)대학교의 나이트(Knight) 교수는 다음과 같이 말했다.

문학으로 하여금 도덕적 선택 및 결단과 같은 문제들에 관심을 갖도록 강요할 필요는 없다. 문학이 오히려 우리에게 그러한 문제들에 관심을 갖도록 강요할 것이다. 왜냐하면, 문학은 이 길로 갈 것인가 아니면 저 길로 갈 것인가 하는 선택의 기로가 가져다주는 절박한 긴장감이 없이는 존립할 수 없기 때문이다.[17]

성경이야말로 양자택일의 절박성을 더할 나위 없을 정도로 치열하게 묘사한 책이라는 점에서는 논란의 여지가 없다. 하나님과 마귀, 선과 악, 구원과 심판 등이 커다란 선택의 문제들로부터, 하나님의 자녀들이나 불신자들이 똑같이 겪는 일상생활의 사소한 선택의 문제들에 이르기까지, 성경은 시종일관 도덕적 선택과 관련된 문제들을 다루고 있다.

스티븐슨(Stevenson)이라는 소설가는 『지킬 박사와 하이드』라는 유명한 문학 작품을 썼다. 그러나 사도 바울은 로마서 7장의 말미에 나오는 단 하나의 문단에서 인간의 이러한 두 가지 본성의 대립을 명백하고도 인상 깊게 묘사함으로써, 현대의 어떤 심리학보다도 더욱 예리하게 인간의 본성을 통찰해 냈다.

내가 행하는 것을 내가 알지 못하노니 곧 내가 원하는 것은 행하지 아니하고 도리어 미워하는 것을 행함이라 만일 내가 원하지 아니하

---

[17] Paul M. Limbert ed., *College Teaching and Christian Values* (New York, 1951), p. 141.

는 그것을 행하면 내가 이로써 율법이 선한 것을 시인하노니 이제는 그것을 행하는 자가 내가 아니요 내 속에 거하는 죄니라 내 속 곧 내 육신에 선한 것이 거하지 아니하는 줄을 아노니 원함은 내게 있으나 선을 행하는 것은 없노라 내가 원하는 바 선은 행하지 아니하고 도리어 원하지 아니하는 바 악을 행하는도다 만일 내가 원하지 아니하는 그것을 하면 이를 행하는 자는 내가 아니요 내 속에 거하는 죄니라 그러므로 내가 한 법을 깨달았노니 곧 선을 행하기 원하는 나에게 악이 함께 있는 것이로다 내 속사람으로는 하나님의 법을 즐거워하되 내 지체 속에서 한 다른 법이 내 마음의 법과 싸워 내 지체 속에 있는 죄의 법으로 나를 사로잡는 것을 보는도다 오호라 나는 곤고한 사람이로다 이 사망의 몸에서 누가 나를 건져내랴 우리 주 예수 그리스도로 말미암아 하나님께 감사하리로다 그런즉 내 자신이 마음으로는 하나님의 법을 육신으로는 죄의 법을 섬기노라(롬 7:15-25).

기독교적인 입장을 떠나서 문학을 이해하고 설명하려는 것은 커다란 손실을 자초하는 것이라고 볼 수밖에 없다. 현대 문학이 죄에 대한 성경적 관점을 상실한 것이 바로 그 좋은 예다. 오늘날 학계와 문학계에는 사라 로렌스(Sarah Lawrence)대학의 해롤드 테일러(Harold Taylor) 학장의 생각과 동일한 견해를 가진 교수와 문인들이 많다. 그는 말하기를 "인간이 죄인이라는 미신을 부인하는 철학이야말로 인간의 삶에 가장 적합한 철학이다"라고 했다.[18]

---

[18] *Goals for American Education* (New York, 1950), p. 443.

이러한 입장을 지닌 사람들은, 비록 이 세상에서 일어나는 부인할 수 없는 여러 가지 혼탁한 일들 때문에 어쩔 수 없이 죄라는 것을 인정하지만 "죄를 짓는다"는 것은 바로 거룩하시고 공의로우시고 자애로우신 하나님을 대적하는 것이라는 점을 모르고 있다. 그 결과로서 이들은 위대한 문학 작품들 그 자체에 대해서도 충분히 이해할 수 없게 된다.

그 한 예로 "셰익스피어와 종교"라는 조지 산타야나(George Santayana)의 논문을 들 수 있다. 에모리(Emory)대학교의 롤랜드 프라이(Roland M. Frye) 교수가 지적했듯이, 산타야나는 비록 뛰어난 철학자이지만 셰익스피어가 잘 알고 있었던 악에 대한 기독교직인 판섬을 묵살해 버렸기 때문에, 그는 셰익스피어라는 위대한 작가의 가장 깊은 의도들을 놓칠 수밖에 없었다.[19]

그러나 그 마음과 심정이 하나님의 말씀에 입각해 올바르게 조성되고 형성된 교사라면 누구나 다 기독교와 문학을 통합시킬 수 있는 비방을 어렵지 않게 찾아낼 수 있다. 이러한 교사들은 만약 지식을 전달하는 방법이나 학생들로 하여금 스스로 지식을 발견하도록 인도하는 방법에 능하기만 하면, 그들은 예외 없이 상당한 정도의 통합을 이루어 낼 것이다. 그들은 셰익스피어나 헤밍웨이, 괴테, 톨스토이 혹은 어떤 다른 사람의 책이든 항상 성경의 강렬한 불빛 아래에서 그 책들을 검토할 것이므로, 이러한 과정 속에서 기독교와 문학의 통합이 자연스럽게 일어나리라는 것은 너무도 명백한 것이다.

---

[19] Roland M. Frye, "Macbeth and the Powers of Darkness," *The Emory University Quarterly* (October, 1952).

4. 예술과 기독교: 음악을 중심으로

이제 논점을 문학에서 예술로 옮겨보겠다. 문학 자체가 시와 연극이라는 분야를 통해서 예술과 접목되어 있으므로 문학에 대한 논의에 뒤이어 예술을 논하는 것은 아주 자연스러운 일이다. 게다가 예술은 교육의 필수불가결한 요소이기도 하다.

예술에 대한 상당한 이해가 없이는, 기독교 교육은 그만두고 그 어떤 교육도 온전하게 이루어질 수 없다. 따라서 통합은 수학이나 자연과학, 역사 그리고 그밖에 다른 과목들에서만 대두되어야 할 문제가 아니라, 예술 과목에서도 똑같이 대두되어야 할 문제다.

시간의 한계 때문에 우리는 또 다시 선택을 해야 할 것 같다. 그런데 이번에는 무엇을 선택해야 할 것인가로 그렇게 망설일 필요는 없다. 만약 예술의 여러 분야 가운데에서 기독교와의 통합이라는 이러한 특수한 연구에 적합한 분야를 하나 선택해야 한다면, 그것은 아마도 음악이기 때문이다. 여기에는 나름대로 충분한 이유가 있다.

무엇보다 음악은 아주 뛰어난 기독교 예술이다. 창세기로부터 요한계시록에 이르기까지 음악은 성경 전체를 꿰뚫어 흐르고 있다. 그뿐만이 아니다. 밧모섬에서 요한이 성령의 인도하심에 따라 본 환상에 의하면, 음악은 영원한 하늘나라에서도 아주 중요한 역할을 맡게 될 것이다(계 5:9; 14:3; 15:3). 게다가 음악은 우리의 마음이 하나님의 진리를 잘 받아들일 수 있도록 준비시킴으로써, 우리가 지금 이곳에서 하나님을 경배하는 일에서도 아주 중요한 역할을 한다.

음악이 담당하는 이러한 종교상의 역할들은 아주 중요하다. 그러나 그렇다고 음악이 종교상의 역할을 수행할 때에만 인간의 심금을 울릴 수 있는 것은 아니다. 위대한 음악 작품들이 얼핏 보기에는 세속적인 것처럼 보이지만 본질적으로는 영적인 것들이 많다.

베토벤이 작곡한 소나타 사중주, 교향곡 등의 완만한 악장들은 대부분 높은 종교적 경지에 도달해 있으며, 바하, 모차르트, 하이든, 멘델스존, 브람스 등의 위대한 작곡가들의 작품들도 비슷한 경향을 지닌다. 찬송가 가운데에서도 가장 아름다운 곡들은 그 상당수가 이러한 고전 음악가들에게서 따온 것이며, 이 점은 우리가 기독교와 음악 사이의 관련성을 검토하는 일에 아주 중요한 사실이다.

사실 기독교와 음악의 관계는 이처럼 너무도 명백한 것이기 때문에, 우리는 그 관련성을 쉽사리 알아차릴 수 있다. 따라서 기독교와 음악, 이 둘을 연결시키는 고리는 새롭게 발견해야 할 것이라기보다 계속해서 유지해야 할 것이라고 말할 수 있다. 그러나 기독교와 음악 사이의 이러한 친밀한 관계에도, 기독교적인 삶과 활동 가운데 음악을 끌어들이려고 할 때마다, 기독교인들은 어찌된 일인지 곧 커다란 어려움에 봉착하곤 한다.

어느 여름날, 독일 다름슈타트(Darmstadt) 근교의 유겐하임(Jugenheim)이라는 곳에서 '국제 복음주의 학생연합'(International Fellowship of Evangelical Students)의 1952년 연차대회가 열리고 있었다. 대회에서는 이날 음악에 관하여 토의했는데, 필자는 다음과 같은 취지의 말을 했다.

내가 보기에 복음주의 음악들은 '음악적으로는' 좀 통속적이고 감상적이며 심지어는 저속한 측면도 꽤 있습니다. 그러나 그렇다고 해서 복음주의 음악을 비난한다는 것은 옳지 않다고 생각합니다. 대부분의 사람들은 그렇게 까다로운 음악적 안목을 지니고 있지 않기 때문에 그들은 복음주의 음악으로부터 많은 도움을 받고 있으며, 복음주의 음악은 그들에게 은혜의 원천이 되고 있습니다. 요컨대 나는 복음을 전할 때에 연주되는 대부분의 음악들이 비록 심미적인 측면에서는 교양 있는 사람들이 보기에 거리끼는 것이라고 할지라도 너무 음악적으로만 따지지 않기로 했습니다.

필자가 말을 마치자마자, 영국 복음주의의 저명한 지도자 한 분이 즉각 필자의 견해에 반론을 제기했다.

사랑하는 형제여! 당신의 주장은 부당하기 짝이 없습니다. 형제는 어찌해서 자신이 지금 주장하는 것이 바로 "목적은 수단을 정당화한다"라는 주장과 동일한 것이라는 점과 "목적은 수단을 정당화한다"라는 주장은 의심할 여지 없이 잘못된 것이라는 점을 모르십니까?

과연 그 영국 형제의 주장이 옳은 것일까?

음악적으로 볼 때 삼류인 가락이나 저속한 화음을, 단순히 종교적으로 좋은 결과를 가져온다는 점만으로 교회나 젊은이들의 모임, 복음전도 집회 그리고 기독교 교육에서 사용한다는 것은 정말 그토록 잘못된 것일까?

그런 종류의 음악들은 정말 복음과 연결될 만한 가치가 없는 것들일까?

따라서 그런 음악들은 기독교적 품성을 도야시키기 위한 교육 기관에서는 점잖게 빼내야 하는 것일까?

이러한 질문들은 아주 중요한 질문들이므로 우리는 이 질문들에 답하지 않으면 안 된다. 그리고 이러한 질문들에 답하기 위해서 우리는 오늘날 기독교 사상계에서는 거의 다루지 않는 '미학'(Aesthetics)이라는 영역을 잠깐 살펴보지 않을 수 없다.

음악과 종교 사이의 긴밀한 결합은 인류 문명의 초기에까지 거슬러 올라가는 오래된 것이다. 창세기에 의하면 인류 문명의 시초에 유발(Jubal)이라는 사람이 하프와 풍금을 만들었다고 한다. 칼빈은 이 하프와 풍금을 '성령이 주신 탁월한 선물'이라고 칭송했다.[20] 우리는 또한 칼빈이 음악을 일반은총 가운데에서 아주 중요한 위치를 차지하는 것으로 생각했다는 점도 잊어서는 안 된다.

비록 예술이 최근 300여 년 동안 눈부시게 발전했다고는 하지만, 음악은 기독교 문명에서 볼 때 결코 생소한 분야가 아니다. 저명한 작곡가인 파울 힌데미트(Paul Hindemith)가 하버드대학교의 한 강좌(Charles Eliot Norton Lectures)에서 지적했듯이, 기독교 초기에 교부였던 어거스틴(A.D. 354-430)이 이미 음악을 기독교와 통합시키기 위하여 애썼고, 보에티우스(Boethius, A. D. 480-524)도 그러한 노력을 기울

---

[20] Abraham Kuyper, *Calvinism* (Grand Rapids, 1931), pp. 243-244.

였으며, 이들 두 사람이 도출해 낸 결론은 오늘날에도 여전히 귀중한 가치를 지니고 있다.[21]

어거스틴에 따르면(『음악론』[De musica] 제4권), 기독교인들은 음악을 단순히 유쾌한 소리에 불과한 것으로 생각해서는 안 된다는 것이다. 그는 다음과 같이 생각했다.

> 우리가 유쾌한 소리들을 우리 자신의 정신활동에 끌어들이기 전에는, 즉 그 소리들을 활용하여 우리의 영혼을 감동시킴으로써 우리의 영혼이 갖가지 고귀하고 신적이며, 이상적인 것들을 향하여 나아가도록 하는 일이 있기 전에는 유쾌한 소리들은 단순히 무의미한 소리에 불과하다.[22]

바꾸어 말하면 우리는 음악을 우리의 영혼을 향상시키기 위하여 사용하지 않으면 안 되는데, 그 까닭은 "음악은 종교적인 신앙과도 유사하게, 우리의 마음 가운데 우리의 영혼을 향상시키고자 하는 생각을 아주 손쉽게 불어넣어 주기 때문"이라는 것이다.[23] 보에티우스는 자신의 핵심적 견해를 『음악의 원리』(De Institutione Musica)의 첫 문장에 아주 간결하게 표현해 놓았다.

"음악은 인간 본성의 한 부분이다. 음악은 우리의 인격을 향상시

---

[21] Paul Hindemith, *A Composer's World* (Cambridge, 1952).
[22] Ibid., p. 5.
[23] Ibid., p. 5.

키기도 하고 타락시키기도 하는 힘을 가지고 있다."²⁴

어거스틴과 보에티우스는 음악이 가지는 도덕적이고 영적인 영향력의 정도에 대한 평가에서는 차이를 보이고 있지만 음악이 인간의 도덕적인 측면과 밀접한 관련성을 지닌다는 점에 대해서는 의견의 일치를 보이고 있다. 두 사람은 다 같이 음악은 도덕과 무관한 것일 수가 없다고 생각했다.

음악이 도덕적 의미를 지닌다는 이 원리는 단순히 고대 사상가들의 흥미로운 착상에 불과한 것이 아니다. 이 원리는 음악이 지니는 영적인 의미를 밝히는 데 아주 귀중한 길잡이가 된다. 이 점을 염두에 두고, 좀 더 고대로 거슬러 올라가서 아리스토텔레스의 견해와 대비해 보겠다.

아리스토텔레스는 그리스의 여러 철학자들과 마찬가지로, 음악이 모든 예술 가운데 가장 '모방적'인 것이라고 생각했다. 그가 음악을 '모방적' 예술이라고 말한 까닭은 음악이 자연을 단순하게 모사하는 예술이라고 생각했기 때문이 아니라, 음악은 "사물 본연의 모습을 그려내는 예술이어야 한다"라고 생각했기 때문이었다.²⁵ 부쳐(Butcher) 교수의 말에 의하면, 아리스토텔레스는 "음악은 인격을 반영하는 것으로서 인격을 형성시키고 인격에 영향을 미친다"라고 생각했다.²⁶

바로 이 점에서 우리는 아리스토텔레스의 견해와 기독교적인 견해 사이에 어떤 상통성을 발견할 수 있다. 그리스 사람들은 이렇게 생각했다.

---

24 Ibid., p. 7.
25 *Poetics*, XXV, I.
26 S. H. Butcher, *Aristotle's Theory of Poetry and Fine Art* (London, 1920), p. 130.

음악이 지니는 의미는 음악이 불러일으키는 연상이 어떠한 것이며, 음악이 지니는 정서적 분위기가 어떠한 것인가에 의해 크게 좌우되는데, 음악은 흔히 명절이나 제사 … 유명한 격언 등을 상기시킨다.[27]

이러한 생각은 구약시대의 유대인이나 초기 기독교인들이 지녔던 음악관과 매우 유사하다. 구약성경의 시편이나 예언서 등을 보면, 음악은 줄곧 제사와 연관 지어 생각되었으며, 이 점에서는 신약도 마찬가지다. 사도 바울은 에베소서에서 "시와 찬송과 신령한 노래들로 서로 화답하며 너희의 마음으로 주께 노래하며 찬송하며"(엡 5:19)라고 권면했으며, 골로새서에서는 "시와 찬송과 신령한 노래를 부르며 감사하는 마음으로 하나님을 찬양하고"(골 3:16)라고 했다.

그러나 여기에서 우리의 생각은 수 세기를 훌쩍 뛰어넘어 오늘날 우리는 탄성을 발한다.

오늘날 교회에서나 복음주의 운동에서의 음악의 용도와 이 오래된 고대의 음악관들이 어쩌면 이렇게 유사 할 수가 있을까! 무디(Moody)가 이끄는 전도 집회에서 "양 아흔아홉 마리는"(Ninety and Nine) 등과 같이 우리의 마음을 휘어잡는 노래를 부르는 생키(Sankey)라든가 빌리 그래함(Billy Graham)의 전도 집회에서 "주 예수보다 더 귀한 것은 없네"(I'd rather have Jesus)와 같이 많은 사람의 심금을 울리는 노래를 부르는 비벌리 시어(Beverly Shea) 등을 생각해 보라.

---

[27] Ibid., p. 130.

이러한 노래들이 음악적으로 그리 훌륭한 것이 못 된다는 점만으로 비난을 받는 것은 참으로 부당한 일이다. 이러한 노래들은 사람들의 마음이 하나님의 말씀을 받아들이기에 좋은 상태가 되도록 함으로써 나름대로 복음의 일꾼 노릇을 한다.

폴락(Pollock) 목사라는 분이 『케임브리지대학교 복음주의 학생운동』에 관해서 쓴 글이 있는데, 소박한 복음송이 지니는 능력이 어떠한 것인지를 감동적으로 보여주는 글 하나가 그 논문 가운데 인용되어 있다. 인용된 글은 캔터베리 대주교의 아들이자 저명한 학자인 벤슨(A. C. Benson)의 글인데, 그가 무디와 함께 케임브리시 학생들을 위한 집회를 인도했을 때 생키(Ira Sankey)가 노래를 부르던 장면을 묘사한 것이다.

키는 장대 같고 눈과 머리는 검은 데다가 얼굴은 자루처럼 늘어진 주름투성이의 까다롭게 생긴 한 사내가 상냥한 표정을 지으면서 걸어 나와서 조그만 오르간 앞에 앉았다. 그 오르간은, 연주자와 오르간이 동시에 연단에서 굴러 떨어지지나 않을까 하는 생각이 들 정도로, 연단의 맨 앞 가장자리에 바짝 다가가 놓여있었다. 그것은 정말 우스꽝스러운 장면이었다.

그런데 그가 감동 어린 눈빛을 던지며, 건반을 눌러 아주 소박한 음을 연주하기 시작하자 그곳에 놀라운 변화가 일어났다. 복받치는 감동과 절묘한 단순성을 지닌, 해맑으면서도 우리 마음을 강하게 사로잡는 위력을 지닌 목소리로 그는 "양 아흔아홉 마리는"이라는 노래를 불렀다. 그의 모습은 변해 있었고, 장내는 쥐 죽은 듯이 조용해졌으며, 나의 눈에는 나도 모르는 사이에 눈물이 맺혀있음을 알았다.

추한 모습의 생키 어느덧 사라져 버리고 대신 그 자리에는 소박한 음률로써 우리들의 영혼을 뒤흔들어 놓는 진실하고도 호소력 있는 기독교인 한 사람만 있었다.[28]

이것이야말로 참다운 복음송이 어떠한 것인지를 잘 보여주는 장면이다.

이때까지 복음송에 관해 쓰인 글들 중에는, 복음송을 편드는 글이냐 또는 비난하는 글이냐를 막론하고, 정말이지 터무니없는 내용을 담은 글들이 너무 많았다. 예를 들어 하버드대학교의 데이비슨(Davison) 박사는 복음송을 통렬히 비난하면서 다음과 같이 말했다.

사라져 가는 세대들에게 복음송은 아직도 여전히 마음의 향수를 달래주는 것과 같은 역할을 한다. 그러나 양식을 지닌 교회에서는 예배드릴 때에 결코 복음송을 사용하지 않는다.[29]

사실 '사라져 가는 세대'니, '양식 있는 교회'니, 운운하면서 터무니없는 우월감을 가지고 복음송을 비하하는 이러한 비현실적인 평가에 대해서 화를 내지 않고 참기란 아주 어려운 일이다.

---

[28] A. C. Benson, *The House of Quiet*, quoted in *A Cambridge Movement*, by J.C. Pollock (London, 1953), p. 64.
[29] A. T. Davison, *Church Music, Illusion and Reality* (Cambridge, 1952), p. 114.

그런데 이와는 정반대로 복음송을 터무니없이 칭송하는 글들도 있다. 「크리스천헤럴드」에 실린 한 목사의 글을 인용해 보겠다. 그는 "밝고도 기쁨이 넘치는 음악은 우리의 영혼을 소생시킨다"라고 말했다. 이 말은 정말 맞는 말이다.

그러나 그는 이 지당한 말 바로 뒤에, "설교자들이 노래를 부른다면 설교를 하는 것보다도 더 많은 사람을 천국으로 인도하게 될 것이다"라고 말했는데,[30] 성직의 가장 중요한 기능인 설교를 이처럼 형편없이 취급하는 것까지 옳다고 보아야 할 것인지는 의문이다.

노래를 잘 부른다는 것은 모든 설교자에게 하나의 큰 자신이다. 그러나 하나님의 말씀을 선포하는 일은 역시 '음악'을 통해서가 아니라 우리의 입에서 나오는 '말'을 통해서 이루어진다는 점을 잊어서는 안 될 것이다.

복음송의 참다운 위치는 이러한 편파적인 양극단을 지양하고, 중용의 입장을 취할 때 발견할 수 있다. 참다운 복음송들은 모두 이러한 중용적 입장을 취해야 한다. 우리가 복음송을 이처럼 올바르게 사용하기만 한다면, "목적은 수단을 정당화한다"라는 비난에 대해서 그다지 마음을 쓸 필요는 없을 것이다.

그러나 다른 한편으로, 복음주의자들이 좋아하는 음악들 중에는 값싸고 천박하며 그릇된 미적 감각을 지녔다는 비난을 받을 수밖에 없는 것들이 많음도 사실이다. 비록 그 음악들이 복음전도라는 선한 목적에 사용되어 상당한 기여를 한다고는 하지만, 그렇다고 그들이

---

[30] *The Christian Herald* (January 1953).

지닌 그 천박성 자체까지 고귀한 것으로 변화되는 것은 아니다.

사실 미국의 복음주의가 사용하는 음악의 수준은 좀 더 높은 수준으로 향상시키지 않으면 안 될 만큼 아주 절박한 상황에 놓여있다. 이러한 상황을 올바로 깨닫고, 이러한 상황에 올바로 부응하는 것이 야말로 기독교 교육이 해볼 만한 정말 멋진 과제다. 따라서 우리는 오늘날 교회들과 기독교 교육 기관에서의 음악의 현황을 좀 더 솔직하고 주의 깊게 살펴볼 필요가 있다.

기독교 음악은 지금 과연 어떤 방향으로 나아가고 있는 것일까?

기독교계는 전국적인 라디오 및 텔레비전 방송망을 갖추고 있는데, 그 활동에는 어느덧 하나님을 연상시키기보다 할리우드를 연상시키는 음악들과 연출법들이 도입되어 판을 치고 있다. 복음을 선포할 때에 멋지게 생긴 남녀들을 등장시키는가 하면, 우리의 마음 깊이 와닿는 진실성을 지녔던 소박한 복음송들은 사라져 버리고, 그 대신에 건반악기들을 사용한 현란한 연주와 바이올린과 같은 탁월한 악기나 오르간과 같이 고상한 특성을 지닌 악기들을 동원해서 기껏해야 값싼 눈물을 짜내는 감상적인 분위기나 연출하는 잘못된 연주들이 혐오감을 불러일으키고 있다.

복음의 말씀들은 하와이안 전기 기타, 딸랑이(cowbells), 심지어 톱으로도 연주된다. "주 달려 죽은 십자가"와 같은 훌륭한 찬송가들은 모두 빠른 왈츠 템포로 연주되거나 삼류 수준의 음악으로 편곡되어 연주된다. 사람들을 끌 수 있고 또 많은 사람이 원하는 것이라는 이유로 이 모든 것들이 공공연하게 자행되고 있다.

이제 기독교 음악과 우리의 신앙을 좀 더 높은 경지로 이끌어 올리기 위해서 발 벗고 나서야 할 때가 왔다.

단지 대중들이 좋아한다는 이유만으로 이처럼 보잘것없고 저속한 예술적 관행들을 계속해서 답습하는 것이 과연 옳은 일일까?

어느 누가, 지금 우리 사이에서 인기를 끌고 있는 음악들이 진정 사도 바울이 권면하고 있는 '신령한 노래'에 해당되는 것이라고 말할 수 있을까?

지금이야말로 이러한 것들은 단지 우리의 마음과 귀를 즐겁게 하기 위해 의도된 것들이요, '인간의 구원'이라는 원대한 신리와 관련되기에는 부끄러운 것들임을 시인하고 고백해야 할 때가 아닐까?

"이런 종류의 음악들은 많은 사람을 끌어들인다. 우리가 청중을 확보하기 위해서는 그런 노래를 부를 수밖에 없다"라고 주장하는 사람들도 있다.

그러나 정말 그러한 것일까?

그 시끄러운 음악들은 오늘날 대부분의 복음주의 방송에 끼어들어 먹칠해 놓고 있지만, 자타가 공인하는 정통주의 방송인 '루터란 아워'(Lutheran Hour, 1930년 루터교 평신도연맹에 의해 시작된 라디오 방송프로그램 - 역주)는 그러한 음악을 사용하지 않고도 아주 잘 유지되며, 월터 마이어(Walter Maie) 박사가 이끌던 때와 마찬가지로 오늘날에도 여전히 전 세계에서 애청되고 있다.

우리 복음주의자들은 진정 예술적으로 미숙할 뿐만 아니라 또한 그러한 상태에 남아있기를 원하는 것일까?

우리는 "무엇에든지 사랑 받을 만하며 무엇에든지 칭찬 받을 만하며 무슨 덕이 있든지 무슨 기림이 있든지 이것들을 생각하라"(빌 4:8)는 사도들의 권면 따위는 이제 까마득하게 잊어버리고, 가장 좋은 것들은 쳐다보지도 않고 지나쳐 버린 채, 저속한 것들에만 마음을 쏟고 있는 것은 아닐까?

요컨대 우리는 음악에서든 설교에서든 그 아무리 훌륭한 것이라 할지라도 하나님께 드리기에는 아직도 부족한 것이라는 점을 잊고 있는 것이 아닐까?

만약 이제까지 한 말들이 조금이라도 옳다면 기독교 교육이 먼저 솔선해서 그러한 개혁을 이루는 것이 마땅하다. 성경 학교들과 성경 교육 기관들은 하나님께 가장 좋은 것을 드려야 한다는 아주 명백한 사실에 입각하여 자신들의 예술적 상황을 재고해야만 한다.

그리고 여타의 기독교 학교들과 대학들도 음악 분야를 강화시킴으로써 모든 학생들이 위대한 음악들을 가능한 한 많이 접할 수 있도록 하고, 좀 더 많은 학생들이 좋은 음악을 만들어 보는 일을 통하여 예술 창조의 기쁨을 맛볼 수 있도록 해야 한다.

그리고 이것은 아주 조심스럽게 하는 말이지만 신학교들도 음악이 참다운 위치를 찾을 수 있도록 교육 과정을 재정비해야 할 것이다. 사실 모든 기독교인들 가운데에서 목사야말로 결코 음악적으로 무지해서는 안 될 사람이다.

이쯤 해서 몇 가지 희망적 징조들도 있다는 점을 지적하는 것이 옳을 것 같다. 휴턴(Houghton)대학은 오늘날 기독교계에서 음악이 처한 상황에 대해 다음과 같이 개탄했다.

기독교라는 위대한 진리를 깊이 연구한다는 사람들조차 얄팍한 음악에 빠져들고 있다. 참다운 신앙을 지녔다고 자처하는 미국의 근본주의 교회들조차 하나님을 마음속 깊이 사랑했던 바하의 음악을 들으려고 하지 않는다.

이 대학은 4년마다 한 번씩 '바하 축제'를 개최함으로써, 모든 재학생이 대학 생활 중 한 번쯤은 모든 작곡가 가운데 가장 기독교적이었던 이 위대한 음악가의 작품을 감상해 볼 기회를 마련해 주고 있다.

웨스트몽(Westmont)대학은 자기 대학 합창단의 순회 연주 계획을 발표했는데, 이 대학의 합창단은 팔레스트리나(Palestrina), 바하, 헨델, 멘델스존, 프랑크(Franck) 등과 같은 고전적 음악가들과 윌리엄 슈만과 같은 현대의 음악가들이 시편, 아가, 복음서, 고린도전서, 요한계시록 등의 성경 구절에 곡을 붙인 곡들을 연주할 것이라고 한다.

그밖에도 기독교 음악으로 유명한 기관들이 많이 있는데 그 가운데 몇 군데만을 꼽아본다면, 세인트올라프(St. Olaf)대학의 합창단이 오래전부터 명성이 높았으며, 휘튼(Wheaton) 합창단이나 애즈버리(Asbury) 합창단도 아주 훌륭한 기독교 곡들을 연주하고 있다. 필자는 이러한 일들이 복음주의자들 가운데에서 기독교 음악의 르네상스가 시작되고 있다는 징표이기를 바라마지 않는다.

오해가 없었으면 하는 점들이 몇 가지 있다.

첫째, 필자가 복음주의적인 찬송가들(Gospel hymns)을 문제 삼는 것은 아니라는 점이다. 복음주의적 찬송가 및 공식적인 예배에서 쓰이는 그와 유사한 찬송가들은 교회의 전통적인 찬송가들과 배타적인 것이라기보다는 상호보완적인 것들이라고 생각한다. 복음주의적인 찬송가와 전통적인 찬송가들은 예배의 특성에 따라 각각 적절하게 쓰일 수 있다.

둘째, 필자는 이곳에서 음악적으로 무지한 사람들에게 바하나 베토벤, 브람스 등과 같이 수준이 높은 음악들을 무작정 마구 틀어대도록 주장하는 것은 아니며, 단조롭기 짝이 없는 엄숙한 음악들을 강조하는 것도 아니다. 복음주의뿐만 아니라 모든 기독교인의 예배에는 '예술을 위한 예술'이라는 의미로서의 순수 예술이란 있을 수가 없다. 교회에서의 예술이란 항상 하나님을 찬양하고 섬기기 위한 것이어야 한다.

그런데 성경은 명백히 "여호와께 즐거이 소리칠"(시 98:4) 것을 우리에게 거듭하여 명하고 있다. 좋은 음악은 흔히 즐거운 음악이기도 하며, 기쁨과 즐거움은 하나님을 경배하는 일에도 아주 중요한 요소이다. 따라서 여기에서 내가 주장하려고 하는 것은 사랑할 만하지도 못하고 칭찬할 만하지도 못한 음악들을 하나님을 찬양하는 일 가운데 끌어들이려고 하는 그러한 유와는 정반대되는 것이다.

필자는 기독교 음악이 좀 더 높은 경지로 나아가는 일에 기독교 교육이 앞장서 주기를 바란다. 그러나 이러한 바람도 만약 기독교 학교들과 기독교 대학들 그리고 신학교들이 복음을 위한 올바른 음악관을 지니고 있지 않으면 이루어질 수 없을 것이다. 기독교 학교에서 수준 높은 훌륭한 음악들은 가르치지 않고, 그 대신에 희로애락(喜怒哀樂) 등의 인간 정서를 즉흥적으로 표출하는 저속한 음악들만을 가르치고 있는 한, 기독교계는 신령한 노래들이 지니는 보다 고귀한 요소들을 알아볼 줄 모르는 지도자들로 가득 차게 될 것이다.

복음주의는 음악적인 개혁을 단행해야만 한다. 그리고 그러한 개혁은 오직 기독교 교육이 음악이라는 이 위대한 예술 가운데 끼어있는 저속한 것들에 대항하여, 하나님의 깊은 진리들에 어울리는 음악들을 사랑하는 마음을 학생들의 마음 가운데 심어주려고 노력할 때에만 달성될 수 있다.

여러 가지 다른 일들의 경우에도 그러하지만, 이 일의 경우에도 마틴 루터의 말을 들어보는 것이 좋을 것 같다. 그는 음악을 "하나님께서 주신 선물 가운데 신학 다음으로 귀한 선물"이라고 했을 뿐만 아니라, 나아가서는 이렇게까지 말했다.

> 학교에서는 반드시 음악을 가르쳐야 하며, 교사는 음악적 기량을 지니고 있어야 한다 … 또한 우리는 음악적인 훈련이 부족한 사람들을 설교자로 임명해서도 안 된다.[31]

---

[31] Hugh Thomson Kerr ed., *A Compend of Luther's Theology* (Philadelphia, 1943), p. 147.

제5장

교실을 넘어서서

또 무엇을 하든지 말에나 일에나 다 주 예수의 이름으로 하고 그를 힘입어 하나님 아버지께 감사하라(골 3:17).

1. 교실을 넘어서서

작곡을 할 때 갖추어야 할 중요한 형식들 가운데 하나는 주제(theme)와 변주(variations)라는 것인데, 이 형식에 따르면 음악의 전개 부들은 끊임없이 변화하는 가운데에서도 항상 주제와 관련을 맺도록 되어있다.

이 강연의 구조도 음악의 이러한 형식과 유사하다. 이 강연은 '하나님의 진리'라는 고귀한 주제를 다루고 있으며, 기독교 교육의 다양한 영역들이 바로 이 주제의 변주다. 이 강연은 기독교 교육의 다양한 영역들이 이 강연의 주제인 '하나님의 진리'와 유기적인 관련성을 맺음으로써 하나의 살아있는 유기체로 통합될 수 있는 방법을 찾아내려는 목적을 지니고 있다.

  그런데 이 비유는 꽤 잘된 것이지만 완벽한 것이라고 할 수는 없다. 전체는 그 전체의 한 부분보다는 항상 클 수밖에 없는 것처럼 교육의 영역이 제아무리 광범위하다고 할지라도 교육은 어디까지나 진리의 한 부분일 따름이다. '하나님의 진리'라는 주제를 다룰 때에는, 우리가 제아무리 폭넓게 살펴본다고 하더라도 그것은 단지 '하나님의 진리'라는 거대한 영역의 지극히 작은 부분에 불과한 것이라는 점을 잊어서는 안 된다.

  하나님의 진리는 이 세상 및 이 세상의 과거와 현재, 미래를 포함한 전 역사 그리고 그 가운데 있는 모든 것들을 포함할 뿐만 아니라, 까마득한 옛날에 이 우주가 시작된 때로부터 언제일지 알 수 없는 장래에 이 우주가 종결될 때에 이르기까지의 전 우주사도 포함하는 것이다.

  따라서 우리는 '하나님의 진리'라는 이 주제를 반드시 교실수업이라는 문제와 관련지어서만 살펴볼 필요는 없다. 게다가 '교육'은 교사와 교과목의 문제로만 그치는 일이 아니다. 학교는 어떤 특정한 사회적 체제와 사회적 환경 가운데에서 성립되고 움직이는 것이며, 학교 자신도 나름대로의 독특한 체제와 환경을 지닌다.

  학교는 또한 교실수업을 넘어서 학교 전반에 관련되는 정책과 관습들도 지니고 있다. 학교의 교과목들이 하나님의 진리 안에 포함되는 것과 마찬가지로 이러한 영역들도 하나님의 진리 안에 포함된다.

제5장에서는 통합의 문제를, '교사'라는 개인적 차원이나 '교과목'이라는 학과적 차원에서가 아니라, '학교'나 '대학'을 하나의 단위로 해서 보는 체제적 차원에서 검토하려고 한다.

2. 수업 외 활동

교육의 핵심적 부분임에도, 흔히 '수업 외 활동'(extra curricular)이라 불리는 활동들에 대하여 먼저 살펴보겠다. '배움'이란 단지 교실수업을 통해서만 얻어지는 것이라고 생각했던 시대는(만약 그런 시대가 정말 있었던 것이라면) 지나간 지 이미 오래다. '수업 외 활동'의 다양한 면모들을 일별해 보겠다.

갖가지 클럽들과 취미활동들, 문학회와 토론회, 출판부, 연극반, 관현악단, 밴드부, 합창단 그리고 이상의 것들과 견주어 결코 손색이 없는 체육부 등이 바로 그것이다. 우리는 이들 또한 교육적 경험의 한 부분들임을 인정해야 한다. 이들도 수학이나 과학, 역사 혹은 문학 등에 못지않게 하나님의 진리 안에 포함되는 영역이며, 하나님의 진리와 통합되어야 할 영역이다.

'수업 외 활동'은 너무도 다양하기 때문에 이들을 하나씩 일일이 살펴본다는 것은 무리다. 그러나 '수업 외 활동'의 원리들을 몇몇 구체적인 예를 들어가면서 검토하는 일은 그리 어렵지 않을 것이다. 그리고 '수업 외 활동'의 원리들을 살펴보는 과정에서, 이미 잘 알려진 내용들이나 원리들을 거듭해서 되풀이하는 듯한 인상을 줄지도 모르지만, 혹시 그렇다 하더라도 그 일에 대해서는 구태여 변명할 필요가 없을 것 같다. 사실 몇 번이고 거듭해서 말해야 할 일도 있고, 이미 잘 알려진 사실이라고 해서 이제 그것은 더 이상 진리가 아니라고 말할 수도 없다.

자 그러면 '수업 외 활동' 가운데 체육 이외의 활동들과 기독교 교육과의 통합의 문제에 대해 생각해 보겠다. 여기에서 제일 먼저 문제가 되는 것은 다름 아닌 올바른 '선택'의 문제다.

통합이 가능한 활동은 어떠한 것들이며, 통합해서는 안 될 활동들은 어떠한 것들일까?

한 가지 분명한 사실은 세속적인 학교에서는 상당히 높은 인기를 끌고 있지만, 기독교 교육에서는 결코 받아들일 수 없는 활동들이 있을 수 있다. 이러한 활동들은 비록 부주의로 인하여 기독교 교육에 도입된다고 하더라도 기독교 진리와의 상반성 때문에 제대로 견디어 내기가 어려울 것이다.

그런데 이러한 활동들 가운데 기독교와의 상반성이 비교적 명백한 활동들의 경우에는 오히려 별 문제가 되지 않는다. 사실 우리를 아주 곤란하게 만드는 것은 기독교와의 상반성을 판별하기가 용이하지 않은 활동들이다.

다른 여러 가지 문제와 마찬가지로, 이 문제에 대해서도 성경은 해결책을 제시해 준다. 신약성경에서 우리는 기독교 학교들이 만약 용기 있게 적용하기만 한다면, 수업에서뿐만 아니라 그 밖의 모든 교육

활동에서도 하나의 기준으로 사용할 수 있는 원리들을 찾을 수 있다. 성경은 세월이 지난다고 하더라도 결코 낡아지는 일이 없는데, 그것은 성경이 우리가 죄인지 아닌지 판별하기 어려운 문제들에 대해서 그것이 죄라는 것을 금방 알아차릴 수 있도록, 그 '목록'을 일일이 제시하는 책이 아니라, 그러한 애매한 문제들을 올바로 판별해내는 '원리'들을 가르쳐 주기 때문이다.

성경은 아주 명백한 죄들에 대해서는 단호하게 정죄하고 있지만, 때와 장소에 따라 허용될 수도 허용되지 않을 수도 있는 그러한 애매한 일들에 대해서는 어떤 엄격한 수칙을 정하기보다 모든 경우와 모든 시대에 항상 기준으로 적용될 수 있는 보편적 '원리'들을 제시해 준다. 로마서 14장과 같은 성경이 바로 그 좋은 예다.

사도 바울은 골로새서에서 다음과 같이 권면했다.

> 또 무엇을 하든지 말에나 일에나 다 주 예수의 이름으로 하고 그를 힘입어 하나님 아버지께 감사하라(골 3:17).

하나님이 원하시는 선한 일들을 하려는 사람들에게, 이 기준은 아주 알기 쉬운 것일 뿐만 아니라 아주 광범위한 적용력을 지닌 것이기도 하다. 우리는 사도 바울의 말 가운데에서 그 어떤 편협성도 발견할 수 없다.

사도 바울이 제시한 기준은 모든 건전한 것들과 모든 기쁜 일들과 우리에게 진정한 활기를 주는 모든 것들을 남김없이 망라한다. 그 기준이 배제하는 일이란 단지 그리스도께 영광이 되지 않는 일들과 하나님이 기뻐 받으실 만하지 못한 일들뿐이다.

그 기준은 아주 엄격한 것이어서 참되고 가치 있는 것들만 이 기준을 통과할 수 있지만 이 기준이 어떤 특정한 활동들에 적용될 때에는 그 활동들의 배경과 그 활동들이 처해있는 상황이 고려되어야 한다. 예컨대 어떤 대학에서는 하나님의 영광을 드러낼 수 있었던 활동이 다른 대학에서는 그렇지 못한 경우도 있을 수 있는 것이다.

기계적으로 항상 동일한 결론을 내리는 것만이 기독교적인 양심은 아니다. 우리의 행동이 항상 하나님께서 받으시기에 합당한 것이 되게 인도하고 이끄는 기능을 담당하는 것이 바로 기독교적인 양심이다.

만약 사도 바울의 이 말을 기준으로 삼아 기독교 학교에서 할 수 있는 활동들을 판별해 냈다고 한다면, 그다음으로는 그 활동들을 하나님의 진리와 통합시켜야 할 것이다.

그렇다면 이 문제를 어떻게 해결해 나가야 할까?

아주 단순한 사실 하나를 지적함으로써 이 의문에 대해 대답하고자 한다. 무슨 일이든지 그 일이 취미활동이나 오락활동이라고 할지라도 적절하게 잘 이루어진 일이라면, 어떤 노력이든지 비이기적인 동기에서 이루어진 것이라면, 어떤 활동이든지 하나님과 우리의 이웃을 섬기는 삶에 이바지할 수 있는 것이라면 이 모든 것들은 아주 잘 짜인 철학 과목이나 성경 과목이 하나님의 진리의 한 부분을 이루는 것과 마찬가지로 하나님의 진리의 한 부분들이라고 보아야 한다.

이 주장에 대한 근거가 되는 것도 역시 골로새서에 나오는 사도 바울의 말씀이다. 다시 반복하지만 사도 바울은 "무엇을 하든지 말에나 일에나 다 주 예수의 이름으로 하고 그를 힘입어 하나님 아버지께 감사하라"라고 권면했다. 바울의 이 말은 하나의 깃발과 같이 기독교 학교에서의 활동들이 나아가야 할 방향을 지시해 준다.

우리는 바울의 이러한 권면으로부터 아주 중요한 원리를 도출해 낼 수 있다. 즉 우리가 하는 일이 얼마나 기독교적인가 하는 문제는 단순히 우리가 하는 일이 어떠한 일인가에 의해서만 결정되는 것이 아니라, 우리가 그 일을 어떤 방식으로 하는가라는 점에 의해서도 좌우된다는 원리다. "다 주 예수의 이름으로 하고 그를 힘입어 하나님 아버지께 감사하라"는 것은 요컨대 일종의 방법에 관한 가르침이다.

이러한 방법적 원리는 대부분의 현대 교육 철학들이 토대로 삼고 있는 실용주의와는 전혀 다르다. 실용주의는 하나님을 상실한 자아의 적나라한 표현일 뿐이다. 초자연적 종교를 인정하지 않는 존 듀이(John Dewey)의 '도구주의'(Instrumentalism)는 초자연적으로 계시된 진리의 활동에 근거하여 성립된 성경적 방법론과는 현격히 다르다 (듀이의 도구주의는 인간의 필요를 생물학적인 관점에서 규정하며, 지식이란 바로 이러한 인간의 필요들을 충족시키기 위한 도구라고 본다. 그러나 기독교는 인간의 필요를 영적인 관점에서 규정한다-역주).

물론 이 기준은 앞에서 이미 살펴보았듯이 모든 일에나 다 적용될 수 있는 것은 아니다. 왜냐하면, 모든 일이 다 주 예수의 영광을 드러낼 수 있는 것이 아니요, 모든 일이 다 하나님이 기뻐 받으시는 것도 아니기 때문이다. 그러나 원칙적으로 이 기준은 어디까지나 활동의 '내용'에 관한 원리라기보다 활동의 '방법'에 관한 원리다.

앞에서 우리는 진리의 기독교적 통합은 단순히 '내용'과만 관련된 문제가 아니라 동시에 '방법'과도 관련된 문제임을 살펴보았다. 이 원리는, 크게 보면 맡은 바 일을 멋지게 마무리 지으려는 일종의 '장인 정신'(craftsmanship)과도 같은 것이라고 말할 수 있다.

자신의 맡은 바 일에 헌신적으로 열중하고 있는 교사, 겨우 통과하는 것으로 만족하지 않고 교사가 요구하는 것보다 훨씬 더 높은 수준에게 나아가려는 학생, 만약 이들의 동기가 단순히 자신의 발전을 기하려는 데 있는 것이 아니라 하나님께 영광을 돌리려는 데 있는 것이라고 한다면, 이들은 '기독교적 장인 정신'이라는 원리를 수행하고 있는 것이다.

달란트 비유(마 25:14-30)의 핵심적인 내용도 바로 이 원리다. 달란트 비유를 보면, 주인은 하인들에게 나누어 주었던 돈이 증가했다는 점보다는 그 돈을 사용한 방식이 적절했다는 점에 대해서 더 기뻐하고 있음을 알 수 있다.

이 원리는 '수업 외 활동'들과 아주 명백한 관련성을 지닌다. 체육의 경우를 예로 들어보겠다. '내용'의 측면에서 본다면, '마일 경주'(mile race, 마라톤-역주) 그 자체는 기독교의 가르침들과 아무런 관련성이 없는 활동이다. 그러나 '방식'의 측면에서 보면, 경주는 결코 기독교의 가르침들과 무관한 것이 아니다. 바로 이러한 사실 때문에 사도 바울도 기독교인들의 삶이 어떠해야 하는지를 묘사하는 자리에서 서슴지 않고 그리스 사람들의 경주(Greek games)를 비유로 들어서 설명했던 것이다.

오늘날처럼 사람들이 너나 할 것 없이 승부 경기에 너무 지나칠 정도의 비중을 두는 상황에서는, 운동경기에 관하여 이야기할 때마다 빠지지 않고 제기될 수밖에 없는 문제가 하나 있다. 필자는 그 문제가 '균형 또는 조화의 상실'의 문제라고 생각하는데, 이 자리에서 이 문제를 정면으로 다루려고 한다.

이 문제에 대해서는 약간 솔직하게 이야기할 필요가 있다. 오늘날처럼 학교나 대학의 관심이 온통 축구나 농구 등등의 승부 경기에 쏠려있는 상황에서는 제아무리 '기독교 스포츠맨십'(Christian sportsmanship)을 소리높여 외친다 할지라도 또는 시합 전에 그 어떤 기도를 드린다고 할지라도 이미 균형과 통합이 깨지고 손상된 그 시합 자체의 상태를 돌이켜 놓을 수는 없다.

이러한 엄연한 사실에 비추어 볼 때, 최근에 한 복음주의적 신문이 '기독교 미식축구 대회'(Christian bowl games)를 창설하자고 제안한 것은 아주 심각한 문제가 아닐 수 없다. 필자는 이 제안이 제발 실현되지 않기를 바란다. 만약 이 제안이 실제로 실현된다면 그것은 기독교인들의 삶의 표준을 형편없이 낮추어 놓고 말 것이기 때문이다.

그런데 이러한 속물적인 삶(the Philistines)에의 유혹이 단지 운동경기에만 국한되는 것은 아니다. 이러한 유혹은 기독교 교육에서도 항상 끈질기게 일어나고 있으며 경우에 따라서는 오히려 운동경기의 경우보다 더 심할 때도 있다.

이상에서 살펴본 바와 같이 기독교 학교들은 운동경기의 열기에 무분별하게 휩쓸리지 않도록 조심해야 한다. 그러나 그렇다고 해서 운동경기들이 아예 기독교 교육에 발도 못 붙이도록 하는 극단적인 입장을 취해서도 안 된다. 그와는 반대로 우리는 운동경기들이, 비록 중등교육이나 고등교육의 주된 교육활동은 아니지만, 기독교 교육에서 아주 중요한 위치를 차지하는 것임을 알아야 한다.

그러나 이때 '중요하다'라는 평가는, 다시 한번 말하지만 운동경기의 '내용'이 아니라 운동경기의 '방법'에 대한 것이다. 운동경기야 말로 활동에 참여하는 사람들의 자세와 태도가 몹시 중요시되는 분야이다. 자제와 희생정신을 바탕으로 하는 팀플레이(team-play) 그리고 도덕적 용기를 필요로 하는 멋진 스포츠맨십, 우리는 운동경기를 통하여 습득되는 이러한 태도와 자세들을 하나님의 영광을 드높일 수 있는 진실된 인격적 특성들로 발전시켜 나갈 수 있을 것이다.

그런데 운동경기들이 이처럼 기독교적인 정신에 입각하여 이루어질 때, 그 유익은 단지 운동에 참가하는 선수들만이 얻을 수 있는 것은 아니다. 학교의 모든 구성원들은 운동경기라는 집단학습을 통하여, 경기에 진 팀을 격려해 주고, 상대팀에게 관대한 태도를 보이며, 어떠한 상황에서도 상대방에 대한 존중심을 잃지 않는 법 등을 배울 수 있는데, 이러한 인격적 특성들이야말로 복음화된 사람들에게서 찾아볼 수 있는 아주 중요한 특징이다.

3. 훈육: 기독교 교육의 시금석

이제는 교실수업과 좀 더 멀리 떨어져 있는 문제들, 다시 말하면 학교 행정의 차원에 속하는 문제들에 대해서 생각해 보겠다. 대학이나 초등, 중등학교를 막론하고 어떤 학교든지 학교의 경영이 통합성을 지녀야 한다는 것은 아주 중요한 일이며, 기독교 교육에서는 그 중요성이 더욱 크고 막중하다.

그 학교에서 공식적으로 내걸고 있는 설립 목적 및 교육이념과 학교 행정을 담당하고 있는 사람들의 실제 행동 사이에 어떤 괴리가 있다면, 그 학교의 교사들과 학생들은 치명적인 타격을 입게 된다. 학교 행정의 책임과 의무에 관하여 생각할 때에는 언제나 이 사실을 명심해야만 한다.

이제부터는 훈육, 예배, 홍보라는 기독교 학교 행정의 서로 구분되는 세 가지 영역들에 대해서 차례로 살펴보겠다.

훈육의 솜씨야말로 여러 면에서 기독교 학교와 기독교 대학의 수준을 평가하는 시금석이 된다. 잘못된 길에 빠진 학생을 어떻게 취급하느냐 하는 것은 다름 아니라 그 학생을 다루고 있는 바로 그 사람의 인격의 크기를 말해주는 좋은 표지가 된다.

훈육을 기독교와 통합시킬 때에 가장 핵심적인 요소는 사랑, 정의, 책임과 같은 원리들이다. 물론 이 가운데 제일은 '사랑'이다. 따라서 기독교 학교에서 훈육의 책임을 맡아 행하는 사람은 반드시 그리스도의 사랑을 체득하고 있어야만 한다. 사실 이것은 너무나도 당연한 주장이다.

"내가 너희를 사랑한 것 같이 너희도 서로 사랑하라"(요 13:34)는 예수님의 새 계명이야말로 훈육의 기본적인 동기가 되어야 할 것이다. 훈육을 담당하는 사람은 사도 바울과 같이, "사랑은 언제까지나 떨어지지 않을"(고전 13:8) 것이라는 믿음을 지니고 있어야 한다. 모든 점을 고려해 볼 때, 이 말씀이야말로 훈육과 관련된 모든 말 가운데에서 가장 중요한 것이다.

훈육은 단순히 이성적인 방법으로만 다루어질 수 있는 문제가 아니다. 이 일은 우리의 마음속 깊은 곳에 있는 정서와도 관련되어 있다. 분별력 있는 교사라면 누구나 다 이 자제력을 잃은 난폭한 시대의 뿌리 깊은 불안감이 젊은이들에게도 그대로 전염되고 있다는 사실을 알고 있다.

특히 우리처럼 교직 경력이 20년, 30년을 넘어서는 사람들은 젊은이들 사이에 정서장애가 계속해서 증가하고 있음을 익히 보아 알고 있다. 비록 신앙심이 마음의 내적 안정을 가져다주는 가장 큰 원천이기는 하다만, 그렇다고 해서 기독교 젊은이들은 우리 시대의 정서적인 문제들로부터 무사할 것이라고 생각하는 것은 현실적이지 못하다.

우리는 오늘날의 젊은이들이 처한 이러한 상황에 공감과 연민을 지녀야 한다. 그러나 감상적이 되어버린다면, 그 또한 그들이 지닌 문제들의 올바른 해결에 아무런 도움을 주지 못한다.

교육 행정가는 젊은이들과 그들이 처한 절실한 상황들에 대해서 개인적으로 연민을 지녀야 함과 동시에 때로는 개인적으로 그들에게 엄하게 대할 수 있는 강인함도 지녀야 한다. 왜냐하면, 교육 행정가는 개인임과 동시에 공인으로서 그에게 지워진 사회적 책무를 늘 감당해 내야만 하는데, 겉으로 드러나는 젊은이들의 행동을 도덕적 원리와 통합시키는 것도 훈육이 담당해야 할 일 가운데 하나이기 때문이다.

지금 이 자리에서 훈육의 구체적인 방법들을 다루지는 않겠다. 그 방법들은 아마도 학교마다 대학마다 다양하게 달라질 것이다. 그러한 구체적인 방법들보다 훨씬 더 중요한 것은, 그 방법들 뒤에 놓여있는 '정신'의 문제다. "율법 조문은 죽이는 것이요 영은 살리는 것이니라"(고후 3:6)는 말씀은 이러한 의미에서 훈육의 경우에도 잘 적용된다.

훈육의 경우에도, 전문적인 지식과 방법들이 하나님의 영의 이끄심과 도와주심을 받으면서 활용되어야 한다. 즉 훈육을 하는 내내 사람들이 하나님의 영을 접할 수 있도록 훈육이 이루어져야 한다는 것이다. 학생 한 사람 한 사람이 모두 다 중요하다. 교장이나 학장은 시간이 없다는 이유로 교사의 면회를 사절할 수 있지만, 아무리 바쁘다 할지라도 학생의 면회를 사절해서는 안 된다.

기독교적 훈육의 참다운 실천은 값싸게 이루어지지 않는다. 기독교적 훈육은 장기간의 값비싼 노력을 요청한다. 그때그때의 필요에 따른 짤막하고도 간단한 면담 그리고 잘못을 저질렀을 경우에 기계적으로 벌을 주는 그러한 방법들도 효과가 있겠지만 그러한 방법들은 오직 아주 사소한 일들인 경우에만 효과가 있을 뿐, 대부분은 기독교적이지 못한 방법들이다.

인내심을 가지고 상대방을 이해하려는 것, 문제의 상황에 대해 끝까지 끈질기게 대화해 보려는 열의 그리고 무엇보다도 문제점에 대해 기도하는 시간을 가지는 마음, 이러한 것들이 바로 훈육과 기독교를 통합하는 일에 가장 중요한 요소들이다.

기독교적 훈육을 한다 하더라도 때로는 심한 말이나 행동을 해야 할 경우가 있다. 그러나 그러한 언행이 참다운 기독교적 사랑에서 우러나온 것이라고만 한다면, 비록 그러한 심한 언행으로 인하여 상대방이 상처를 받았다고 하더라도 사랑의 힘이 그 상처들을 능히 치유하고 회복시켜 줄 것이다.

4. 예배와 기독교

이제 관심을 예배의 문제로 돌리기로 하겠다. "예배를 기독교와 통합시킨다"는 것은 얼핏 보기에 뱀에다 다리를 그려넣는 것과 같이 쓸데없는 일로 보일 수도 있다. 그러나 제아무리 정통적인 신앙에 근거해서 드리는 예배라고 할지라도 실제로는 기독교의 참다운 정신과 동떨어진 것일 수 있다.

이러한 현상을 방지할 수 있는 한 가지 방법은 어떤 한 사람이— 그가 학장이건 교장이건 혹은 교목이건 간에—학교에서 드리는 예배의 모든 순서를 다 담당해 버리는 것과 같은 일을 피하는 것이다. 각 학과의 모든 교사들과 약간의 학생 대표들이 골고루 예배순서에 참여하도록 계획하는 편이 훨씬 더 좋다. 물론 이러한 방법은 "참다운 기독교인 교사 없이는 기독교 교육도 없다"라는 원칙에 충실한 학교에서만 시행이 될 수 있다.

이상과 같이 각 학과의—수학, 영어, 화학, 제2 외국어, 역사 그리고 기타 다른 모든 교과의—교사들은 단지 교과목을 가르치는 분들에 그치는 것이 아니라 동시에 예배를 이끌어 가는 분들임을 알게 될 때, 학생들은 그들 교사들을 통하여 기독교 신앙에 대한 지울 수 없는 강한 인상을 받게 될 것이다.

이제 정기적인 예배의 문제에서 종교 집회라는 보다 특수한 문제로 관심을 돌리겠다. 이 문제는 다루기가 몹시 어렵기 때문에 신중하게 검토하지 않으면 안 된다. 우선 오늘날 기독교 학교 내에서 이루어지고 있는 복음주의적인 부흥회에 대해서 생각해 보겠다.

필자가 여기에서 '복음주의가 과연 필요한가?'를 문제로 삼는 것은 아니다. 그리스도의 복음을 가르칠 때에, 그리스도의 복음은 우리로 하여금 그리스도를 거부하든지 아니면 받아들이든지 양단간에 결단을 내리도록 한다는 점을 분명히 하지 않으면, 우리는 그러한 가르침을 결코 기독교 교육이라고 볼 수 없다.

정신적이고 인격적인 수양을 아무리 높이 쌓는다 할지라도 우리가 만약 예수 그리스도를 우리의 주인으로 영접하지 않는다면 우리는 여전히 길 잃은 자요 거듭나지 못한 자일 수밖에 없다. 이처럼 복음주의는 중요한 것이다. 그러나 복음주의가 기독교 신앙의 총합은 아니며, 기독교 교육의 전부가 아닌 것도 사실이다.

문제점은 다음과 같다. 모든 기독교 학교와 대학들에는—학교의 규모가 크든지 작든지 간에—영적인 측면에서 볼 때 이질적인 학생들이 함께 모여있다고 보아야 한다. 거듭난 사람들만 입학시킨다 할지라도 거듭났다고 주장하는 사람이 과연 실제로 그의 모든 삶을 그리스도에 대한 믿음 안에서 살아가고 있는지 어떤지를 확인할 수 있는 확실한 방법은 없다. 교회들이 자기 교회의 교인들은 하나같이 참된 그리스도인들이라고 자신할 수 없는 것과 마찬가지로, 기독교 학교의 학생들이 모두가 다 참된 그리스도인들이라고 말할 수 없다.

물론 복음적 학교와 대학들의 경우에는 대부분의 학생들이 그리스도가 어떤 분인지 잘 알고 그분을 전적으로 의지하는 신성한 기독교인들이다. 그러나 그러한 학교들에도 결코 기독교인이라고 볼 수 없는 학생들은 있다. 기독교 학교에서 열리는 복음주의적 집회의 주된 대상은 바로 이러한 학생들이다. 의심할 여지 없이 우리는 이들에게 그리스도를 자신의 구주로 영접하는 개인적 결단의 불가피성을 계속해서 불러일으켜 주어야 한다.

사실 여기까지는 별로 문제될 것이 없다. 그러나 이미 기독교인이 된 학생들에게로 돌아가서 생각해 보면 문제는 달라진다. 이미 기독교인이 된 학생들을 다시 한번 잘 살펴보면 그중에는 분명히 하나님의 자녀이면서도, 자신들이 중생한 날과 때를 기억하지 못하는 학생들도 있다. 어려서부터 철저한 기독교 집안에서 자라난 학생들은 자신들이 거듭난 명확한 시간을 기억할 수 없다. 그렇다고 그들이 참된 그리스도인이 아니라고 말할 수도 없다. 그들은 육에 속한 삶을 버리고 그리스도를 의지하며, 그분만이 그들을 구원할 수 있음을 믿을 뿐만 아니라 하나님의 말씀과 그 형제들을 깊이 사랑하고 있다.

그럼에도 복음주의는 전반적으로 볼 때 이러한 사람들에 대해서는 아무런 관심도 보이지 않는다. 오히려 복음주의는 중생이라는 특별한 사건이 일어난 날과 시간을 기억하지 못하는 이들 학생을 구원받지 못한 사람들이라고 생각하는 듯한 암시를 주기조차 한다. 그 결과 이들 어린 학생들은 자신들의 마음 가운데 이때까지 역사해 온 하나님의 성령에 대해 의심하게 되고 심지어 그것은 하나님의 참된 성령이 아니라고 생각하기에 이르기도 한다.

그런데 이 어린 학생들이야말로, 예수께서 엄히 경고하신 말씀 가운데 나오는 바로 그 소자들이다.

> 누구든지 나를 믿는 이 작은 자 중 하나를 실족하게 하면 차라리 연자 맷돌이 그 목에 달려서 깊은 바다에 빠뜨려지는 것이 나으니라 실족하게 하는 일들이 있음으로 말미암아 세상에 화가 있도다 실족하게 하는 일이 없을 수는 없으나 실족하게 하는 그 사람에게는 화가 있도다(마 18:6-7).

이 문제야말로 우리가 간절한 마음으로 기도하는 가운데 진지하게 다루어야 할 문제다. 공개석상에서 그리스도를 영접하도록 하는 종교집회에서는 항상 이 문제를 염두에 두어야 한다. 이러한 집회에서는 아마도 모든 사람이 보는 앞에서 "예수께서 나의 죄를 씻겨주심으로 말미암아 하나님께서도 나의 모든 죄를 용서해 주셨다"라고 고백함으로써 구원에 대한 확증을 얻도록 하는 순서를 마련할 것이다.

이러한 순서는 자신들의 신앙을 많은 사람 앞에서 고백해 본 일이 없는 사람들에게 자신들이 이미 얻은 그 영생을 많은 사람 앞에서 공표하도록 용기를 북돋워 준다. 그러나 공개적인 고백과 그것을 북돋우는 방법이 무엇이든지 간에 한 가지 확실한 것은 많은 사람 앞에 나간다든가 혹은 그 앞에 나가서 무엇을 한다든가 하는 일들이 결코 '거듭났다'는 것과 동일시되어서는 안 된다는 점이다.

『진정한 복음주의』라는 책이[1] 명쾌하게 보여주고 있듯이 '거듭남'은 오직 그리고 언제나 우리의 마음 가운데에서 일어나는 성령의 역사다. 겉으로 드러나는 행동들은 단지 그리스도께서 성취하신 그 구원의 사역이 믿는 자 안에 어떠한 일들을 이루어 놓았는가에 대한 증거들이다.

몇년 전 영국의 저명한 성경학자인 캠벨 모건(G. Campbell Morgan) 박사는 한 강연에서 "기독교인들은 누구든지 자신이 거듭난 때를 결코 기억할 수 없다"라고 말한 적이 있다. 강연이 끝난 뒤 누군가가 그의 그러한 주장에 반론을 제기했다.

모건 박사는 그를 바라보면서 "당신은 지금 살아있습니까?"라고 물었다. 이 질문에 그 사람은 "물론이지요. 저는 분명히 살아있습니다"라고 대답했다. 모건 박사는 "그러나 당신은 지금, 당신이 태어난 그 날과 그때를 기억하고 있습니까?"라고 다시 물었다. "기억하고 있지 못합니다"라는 대답을 듣고 박사는 계속해서 물었다.

---

[1] Lewis Sperry Chafer, *True Evangelism* (Chicago, 1911).

"그러면 당신은 당신이 지금 살아있다는 것을 어떻게 아십니까?"
"내가 지금 살아있음을 보아서 압니다"라는 것이 그 질문에 대한 대답이었다. 그러자 모건 박사는 말했다.

> 그와 마찬가지로 기독교인들도 자신들이 거듭난 그 순간을 기억하지 못할 수가 있습니다. 그러나 그들의 영이 깨어있으며, 또 그들이 그 사실을 알고 있으면 그것으로 족한 것입니다. 중요한 것은 바로 그 점입니다.²

아마도 기독교 학교와 대학들은 '영생을 소유하고 있느냐'가 '거듭남'의 가장 중요한 증거임을 분명하게 인식해야 할 필요가 있다. 물론 우리는 학생들에게 명확하고도 결연한 결단을 내리도록 요청하기를 주저해서는 안 된다.

또한 , 우리는 학생들이 그리스도나 그의 말씀에 대한 사랑, 그의 구원의 능력에 대한 믿음, 형제들에 대한 사랑 그리고 자기의 마음속에서 일하시는 성령의 인도하심 등을 보여주는 아무런 실제적인 증거가 없음에도 자기 스스로는 구원받았다고 잘못 생각한 채 자기만족에 빠져있도록 내버려두어서도 안 된다.

하지만 동시에 우리는 성경이 믿는 자들에게 '거듭남의 체험'을

---

2 캠벨 모건(Campbell Morgan) 박사의 아들인 하워드 무디 모건(Howard Moody Morgan) 박사는 필라델피아에 있는 챔버스와일리(Chambers-Wylie)장로교회의 목사인데 최근에 나에게 말을 해주기를 사람들 사이에 회자되는 이 대화는 그의 아버지가 켄터키(Kentucky) 렉싱턴(Lexington)에 있는 교회에서 시무하고 계실 때 그 교회에서 일어났던 것으로 알고 있다고 했다.

기억해 낼 것을 요구하고 있지 않다는 점도 잊어서는 안 될 것이다. 주 예수께서 제시하고 계신 위대한 원칙들을 넘어서는 그러한 요구를 할 권리가 우리에게는 없다.

예수께서 니고데모에게 하신 다음과 같은 말씀은 신약 가운데서도 몹시 중요하고 아름다운 말씀에 속한다.

> 바람이 임의로 불매 네가 그 소리는 들어도 어디서 와서 어디로 가는지 알지 못하나니 성령으로 난 사람도 다 그러하니라(요 3:8).

만약 우리의 마음속에서 일하시는 성령의 역사가 바람의 움직임과 같이 변화무쌍한 것이라면 우리는 무의식중에라도 성령의 역사를, 오늘날의 종교 집회에서 흔히 그러하듯이, 어떤 특정한 종류의 외적인 형태에만 국한시켜 버리는 잘못을 범하지 않도록 조심해야 한다.

오늘날 우리는 하나님께서 대중 집회라는 복음주의적 방식을 통해서 많은 사람이 구원에 이를 수 있도록 은혜 주시고 계심을 익히 알고 있다. 그러나 어떤 방법이 대중 집회에서 효과적이었다고 해서 그 방법이 기독교 학교에서도 항상 똑같이 효과가 있을 것이라고 생각해서는 안 된다. 기독교 학교에서는 성경의 말씀을 규칙적으로 가르치고 있으며 복음이 항상 선포되고 있으므로 결단에 대한 요청은 학교의 전 생활 가운데 늘 주어진다.

따라서 이러한 학교 상황에서는 어떤 특정한 형태의 집회만이 학생들의 회심을 위한 가장 좋은 기회라고 볼 수 없다. 그리고 학교에서 이러한 대중적 종교 집회가 열리는 경우에 이러한 특별한 집회가 학생들에게 줄 수 있는 가장 좋은 유익이 있다면, 그것은 학생들이 그리스도의 진리의 말씀에 감동을 받은 나머지 자신의 삶에 대해 교사나 자기 주변의 사람들과 함께 좀 더 진지하고도 솔직한 대화를 자발적으로 해나갈 수 있도록 해주는 것이다.

5. 기독교 교육의 홍보

성령의 문제를 다루다가 기독교 교육을 선전하고 홍보하는 문제로 주제를 바꾸는 것은, 마치 교회 안에 있다가 시장 바닥으로 나온 것과 같은 느낌을 줄지도 모른다. 그렇지만 우리에게는 진리를 가르쳐야 할 책임과 마찬가지로 진리를 널리 알려야 할 책임도 있다.

그런데 광고와 홍보의 분야는 기독교 교육이 이 시대의 정신으로부터 교묘하게 영향을 받고 있는 대표적인 분야다. 미국에서의 광고나 선전 사업은 비록 규모가 크고 중요한 사업이지만 항상 진실성을 지닌다고 보기가 어렵다. 영리함, 성적인 매력, 자존심 및 속물근성의 부추김 등이 바로 오늘날의 광고와 선전들이 지니는 가장 큰 특징들이다.

결코 없는 사실을 날조하지는 않는다고 내세움으로써 얼핏 듣기에는 진리를 중하게 여기는 듯한 느낌을 주지만 광고와 선전은 사람들에게 거짓된 인상을 고의적으로 심어줌으로써 너무도 빈번하게 진리를 모독하고 있다. 물론 오늘날의 광고가 사용하는 방법은 많은 이득과 성과를 가져다준다. 그러나 그렇다고 해서 기독교 교육이 그들의 선전방법을 그대로 답습하는 것은 참으로 잘못된 일이다.

선전과 광고에 대한 유혹은 20년 전과 비교해 볼 때 엄청나게 커졌다. 기독교 저널리즘(Journalism)이라는 아주 새로운 학파가 광고와 선전의 강력한 지원에 힘입어 부상하게 된 것도 최근 십여 년간의 일이다. 게다가 기독교 학교 간에도 경쟁이 심해졌다. 학생 수도 두 배, 세 배로 늘어났으며 심지어는 네 배로까지 늘어난 경우도 있다.

그 결과 기독교 학교들은 걸핏하면 서로 좀 더 많은 지면을 사들이고 좀 더 멋진 광고문으로 그 지면을 채우는 성생을 빌이기 일쑤다. 물론 소책자, 잡지 광고 또는 그 밖의 인쇄물 등 여러 가지 선전 도구 자체가 본질적으로 옳지 않은 것이라고 볼 수는 없다. 그러나 그러한 선전물들에 기독교 교육에 대한 소개를 실으려고 할 때에 무언가 진실되지 못한 것들이 스며드는 것이 문제다.

이 문제야말로 참으로 다루기 어렵다. 기독교 학교를 선전하는 일을 직접 맡아본 사람이라면 누구든지 진실되면서도 동시에 선전 효과를 거둔다는 것이 얼마나 어려운 일인가 하는 점을 이해할 수 있을 것이다. 우리는 자신이 소중히 여기는 일은 장밋빛 안경을 쓰고 보려고 하며, 멋진 효과를 내기 위해서라면 진실도 가리려 들기 일쑤다. 이러한 현상은 상당히 많은 기독교 학교와 대학들이 최근에 이르기까지 지니지 못했던 사항들, 예를 들어 '높은 학문적 수준' 등과 같은 사항들과 관련될 때 더욱 두드러진다.

우리는 최근 십여 년 동안 기독교 교육의 학문적 수준이 획기적으로 향상된 것에 대해 매우 흡족해 하고 있다. 그러나 기독교 교육의 학문적 수준이 전국에서 또는 전 학과에서 상위권에 속하는 뛰어난 것이라고 주장한다면, 그것은 명백히 잘못된 것이다.

물론 자신의 학교가 지니는 학문적 수준이 뛰어나다는 것을 모든 사람들이 솔깃해 할 수 있는 말로 몇 페이지에 걸쳐 아주 재간 있게 꾸며서 선전한다면 등록하는 학생의 숫자가 늘어날 수도 있다. 그러나 그러한 진실되지 못한 선전물을 내놓는 일은 교실에서 그리고 예배시간에 우리의 모든 삶이 진실되기를 요구하시는 하나님의 추상같은 말씀을 선포하는 일과는 결코 부합될 수 없다.

좀 더 동정 어린 입장에서 이 문제를 본다고 하더라도 결과는 마찬가지다. 물론 신앙을 견지하고 있는 학교와 대학들에 다니도록 젊은 이들을 부추기는 일은 의심할 여지없이 가치로운 일이다. 그 동기가 선할 뿐만 아니라 그것은 분명히 그들을 속이는 일이 아니기 때문이다. 그러나 기독교 교육이 하나님의 진리를 다루고 있다는 점에서 본다면 진리에 대한 무책임한 태도는 아무리 사소한 문제에 관한 것이라도 아주 중대한 잘못이 된다.

학문적 능력이 지니는 중요한 지표 가운데 하나가 바로 정확성이다. 자기 스스로도 정확하지 못하다고 생각하는 말로 '자신의 학문적 교육적 수준이 이러이러하다'라고 선전하는 학교들은 결과적으로 자신의 학문적 능력이 아직도 미숙하다는 것을 선포하고 있는 셈이다. 기독교 신문이나 잡지들에 실린 수많은 학교 광고들에 대해 아무리 좋게 평가한다고 하더라도 그 광고들은 기독교 교육이 아직도 미숙한 상태에 있음을 보여주는 것이라고밖에 말할 수 없다.

  비판이 좀 심했을지도 모른다. 그러나 이 비판은 오늘날 기독교 교육을 책임지고 있는 사람들에 대한 커다란 신뢰에서 비롯된 것이다. 이스라엘 백성이 애굽에서 종살이할 때에 단순히 벽돌을 만들어야 할 뿐만 아니라 그 벽돌을 만드는 데 필요한 짚까지도 스스로 마련해야 하는 어려움에 직면했던 것처럼(출 5:1-23), 오늘날 기독교 교육을 책임지고 있는 사람들도 단순히 세상의 학문과 교과들을 학생들에게 가르칠 뿐만 아니라 그 학문들과 교과들 자체를 하나님의 말씀의 빛 아래에서 재검토하고 재평가해야 하는 어려움에 직면해 있다.

  이처럼 오늘날 기독교 교육을 책임지고 있는 사람들이 져야 할 짐은 참으로 무겁다. 그러나 그들은 진리를 진심으로 사모하고 있으므로, 그들이 만약 하나님의 진리로부터 벗어난 세속적인 광고방식이 기독교 교육을 홍보하는 일에도 스며들어 있다는 사실을 깨닫기만 하면 그 잘못을 바로잡으려는 자발적인 개혁의 노력이 반드시 일어날 것이다.

6. 기독교 대중

  이제는 기독교 교육 행정의 문제를 떠나서 기독교 대중의 문제를 살펴보겠다. 기독교 대중은 기독교 교육을 지지하는 집단이다. 기독교 대중과 관련지어 검토할 기독교 교육은 한 학교나 한 대학 단위의 기독교 교육이 아니라 모든 기독교 교육을 하나로 묶어서 보는 그러한 포괄적인 수준의 기독교 교육이 될 것이다. 그리고 이것이 바로 이번 강연의 마지막 주제가 될 것이다.

어떤 종류의 교육이든지, 교육은 그 교육을 둘러싸고 있는 사회적 환경의 반영이라는 사실이야말로 우리가 교육의 문제를 생각할 때에 늘 염두에 두어야 할 사항이다. 기독교 교육의 성립배경이 되는 기독교 대중의 전반적인 분위기는 기독교 교육의 정책과 실제에 큰 영향력을 행사할 수밖에 없다. 이곳에서는 이제 관심을 이러한 '기독교 대중'에게 돌려서 좀 더 면밀하게 살펴보겠다.

기독교 대중은 기독교 교육을 어떻게 생각하고 있으며 기독교 교육에 무엇을 기대하고 있을까?

그리고 기독교 대중의 이러한 생각과 기대들은 성경학교나 신학교 그리고 나아가서는 기독교 학교나 기독교 대학들에게 어느 정도의 영향력을 행사하고 있을까?

이 문제들은 우리가 얼핏 살펴보고 그친다 하더라도 우리에게 큰 유익을 줄 수 있는 좋은 문제들이다.

그런데 우리가 이 문제를 검토할 때에 반드시 염두에 두어야 할 사실이 한 가지 있다. 그것은 우리가 현재 진지하고 깊이 있게 생각하기를 몹시도 싫어하는 시대에 살고 있다는 점이다. 천박성이야말로 우리 시대의 가장 큰 특징이다. 이 천박성은 갖가지 문명의 이기들을 조작하기에 바쁜 나머지 자기 스스로를 가꿀 틈이 없는 현대 문명이 배양해 낸 것이다.

텔레비전, 만화, 신문, 사진, 잡지 등은 깊이 있고 면밀한 생각을 하도록 북돋우지 못한다. '간결성,' '능률성'이야말로 우리 시대의 슬로건이다. 이러한 시대 속에서는 참으로 우리의 마음을 넓혀주는 일들에 대한 관심은 점점 시들해질 수밖에 없다.

명백한 사실은 기독교 대중도 바로 이러한 시대적 조류 속에 들어있다는 점이다. 그들이 이 시대정신에 순응하고 있다는 좋은 징표는 다름 아니라 교육에 대한 기독교 대중의 태도에서 찾아볼 수 있다. 물론 기독교 대중이 기독교 학교와 기독교 대학들을 후원하고 있다는 것은 틀림없는 사실이다. 그러나 그들이 후원하는 방식은 그들이 기독교적 학문의 중요성을 조금도 이해하고 있지 못함을 여실히 보여준다.

믿는 부모들 가운데 심지어는 초등학교나 중등학교 단계의 기독교 학교가 불필요한 군더더기에 불과한 것이라고 생각하는 사람들도 있다. '초등이나 중등 단계에서는 이제 더 이상의 학교가 필요 없을 정도로 국공립 학교가 많이 있지 않은가'라는 것이 그들의 생각이다. 기독교 교육을, 학교교육에서 뒤쳐지는 아이들을 돌보거나 점증하는 청소년 범죄를 방지하기 위한 '교육적 구조 사업' 정도로 생각하는 사람들도 있다.

이상과 같은 부모들의 입장에서 보면, 학교에서 기독교 교육을 해야 할 필요성은 높은 학년에 가서야 비로소 생기는 것이다. 그러나 만약 우리의 자녀들이 하나님 중심적인 세계관을 지니려면, 아주 어린 시절부터 그 세계관을 떠받쳐 줄 튼튼한 토대들을 하나하나 체계적으로 쌓아가지 않으면 안 된다는 명백한 사실을 그들은 무시하고 있는 것이다.

기독교 교육에 대한 포괄적이고 전면적인 전략의 필요성을 깨닫지 못하는 기독교 대중은 "기독교 교육이 참으로 해야 할 일들을 하고 있느냐"라는 문제보다는 겉으로 드러나는 기독교적 활동에 더욱 큰 관심을 가질 수밖에 없다. 기독교 대중은 기독교 학교와 기독교 대학들이 찬양팀, 성가 합창단, 학생 전도대, 여름 사중창단 등을 끊이지 않고 계속해서 보내주기를 바라고 있다.

물론 기독 청년들의 대회나 여러 가지 공식적인 기독교 행사들에 참가하여 활동하는 것도 아주 중요한 일이기는 하다. 그러나 이러한 일들이 바로 기독교 학교에서 해야 하는 주된 일은 아니다.

기독교 학교가 해야 할 주된 임무는 하나님의 영광을 드러낼 참다운 학문을 육성하는 일이다. 기독교 교육은 젊은이들이 하나님의 뜻을 온전히 행함으로써 전 생애에 걸쳐 하나님을 올바로 섬길 수 있도록 준비시키는 일이다. 기독교 교육에서는 준비 그 자체가 바로 일이다.

따라서 국어나 수학이라는 학문 안에서도 하나님의 영광이 드러날 수 있도록 국어와 수학을 배우고 익히는 일에 최선을 다하는 학생이 있다면, 그 학생은 물리학이나 심지어는 성경까지도 배우고 익힐 시간이 없을 정도로 기독교 활동에 전념하고 있는 학생과 마찬가지로 하나님을 섬기고 있는 것이다. 솔직히 말씀드려서 너무도 많은 복음주의자들이 지적으로 둔감한 상태에 만족하고 있으며 이들의 이러한 태도는 기독교 학교와 대학에 다니는 젊은이들에게 그대로 전염되고 있다.

「주간 기독교 연합」이라는 잡지의 발행인 A. W. 토저(A. W. Tozer) 박사는 다음과 같이 말했다.

불행하게도 오늘날 어떤 부류의 사람들 중에는 배움에 대해 본질적으로 틀린 생각을 하는 사람들이 있는데, 그들은 믿음 있는 영적인 사람이 되려면 지적으로는 둔감해야 한다고 생각한다. 이러한 사람들이 무언중에 지니고 있는 이러한 철학은 지난 50년 동안에 정통주의 신앙 가운데 하나의 새로운 우상 숭배를 탄생시켜 놓았다.

나는 그것을 '무지의 숭배'라고 부른다. 무지의 숭배자들은 '학문을 하는 것'을 '불신앙'과, '영적이다' 또는 '종교적이다'라는 것을 '무지한 것'과 동일시한다. 그리고 그 결과로서, 학문적인 것과 종교적인 것이 결코 서로 만날 수 없도록 만들어 버렸다. 이러한 무시의 숭배는 종교문학의 저급성, 종교 집회의 무분별성, 종교음악의 저질성 등에 그대로 반영되고 있다.[3]

7. 기독교 교육의 사명

이상의 비난이 결코 부당한 것은 아니다. 그리고 그 비난은 다름 아니라 기독교인에게서 나온 것이라는 점도 잊어서는 안 된다. 오늘날 우리의 기독교 교육에는 탁월성의 중요성을 그렇게도 훌륭하게 설파했던 리빙스톤(Richard Livingstone) 경의 정신이 더욱 절실하게 요청된다.[4]

이 기독교 교육에서 탁월성을 강조하는 것은 기독교 교육에 이지(理智)라는 차갑고도 냉정한 요소를 끌어들여서 성령의 뜨거움을 미

---

[3] Cf. article entitled "Moses," in *His* (May 1952).
[4] Sir Richard Livingstone, *On Education* (New York, 1945).

지근한 것으로 식혀버리려는 위험한 처사로 보일지도 모른다. 그러나 교회사를 보면, 참다운 기독교 교육과 지성은 서로 병행한다는 예를 무수히 찾아볼 수 있다.

17세기 스코틀랜드의 사무엘 러더포드(Samuel Rutherford)의 경우도 바로 그러한 예의 하나다. 그는 당대의 석학이었으며 『서간문』(Letters)이라는 유명한 책의 저자이기도 하다. 다시 말하면, 그의 신학적 논문들은 뛰어난 학자의 작품이다. 그러나 이처럼 지적인 명성이 높은 그의 『서간문』 중에는 우리의 천박한 세대에서는 거의 찾아보기 힘든 그리스도에 대한 깊고도 철저한 헌신의 모습들이 도처에서 빛나고 있다.

"그러나 베드로와 요한은 배우지 못한 무식한 사람들이었다"라고 반론을 제기하는 사람들이 있다. 물론 그들은 배우지 못한 무식한 사람들이었다. 그럼에도 그들은 하나님께서 은총을 베푸심으로 그들은 위대한 신앙의 일꾼들이 될 수 있었다.

그러나 배우지 못하고 무식하기는커녕 당대의 뛰어난 학자였다고 평가되는 또 다른 종류의 사도도 있었다는 점을 잊어서는 안 된다. 사실 사도 바울의 영향력은 다른 모든 사도를 능가한다. 그는 위대한 전도자였으며 그의 서신들은 지식이 풍부하면서 동시에 성령이 충만한 것들이었다.

하나님께서 이처럼 성화된 지성을 사용하셨던 예가 바울 한 사람에 그치는 것은 아니다. 어거스틴, 루터, 칼빈, 에드워즈, 웨슬리 등의 사람들도 그러하다. 이들은 모두 당대의 최고의 교육을 받았으며 학문을 사랑했던 사람들로서 복음을 전하고 가르치는 일에 끝까지 자신들의 학식을 활용했다. 기독교 역사의 커다란 전환점들을 한번 주의 깊게 살펴보라. 그러면 그 위대했던 사건들의 뒤에는 예외 없이 하나님의 영광을 위하여 쓰였던 진실되고 견실한 학문들이 있었다는 사실을 깨닫게 될 것이다.

우리는 비록 정식 교육을 받지는 못했지만 하나님의 위대한 일꾼이 되었던 무디(Moody)와 스펄전(Spurgeon)을 존경한다. 그러나 기독교의 역사는 주로 당대 최고의 지성을 지닌 사람들에 의해서 만들어져 왔다는 점을 깨닫는 것이야말로 사신들 스스로는 힉교에 디니지 못했지만 교육의 참다운 가치와 중요성을 간파하고 학교를 직접 세우기까지 했던 무디와 스펄전을 올바로 평가하고 올바로 존경하는 것이 될 것이다.

이상과 같은 역사적 사실들은 우리 시대의 기독교 교육이 지향해야 할 목적과 기독교 교육의 참다운 의미가 무엇인지를 잘 보여준다. 기독교 교육은 결코 대중 운동이 아니며 대중 운동에 의해서 달성될 수 있는 것도 아니다. 기독교 교육의 참된 의미는 기독교인들의 문화적·학문적 지도 및 선도의 능력을 함양시키고 신장시킴으로써 기독교인들이 이 세상의 모든 문화와 학문의 영역들을 하나님 보시기에 아름답고 온전한 모습으로 변화시키고 성장시킬 수 있도록 하려는 것이다.

무지를 숭배하는 사람들의 주장을 그리스도의 교훈과 동일한 것으로 혼동해서는 안 된다. 그리스도께서 우리에게 하시는 책망이라면 우리는 항상 달게 받아야만 한다. 그러나 기독교인의 학문적, 문화적 사명을 적대시하는 사람들의 비난 때문에 기독교 교육이 해야 할 일을 못해서는 안 된다. 오늘날 기독교 교육의 사명은 바로 복음적 학문의 부흥에 있다. 그리고 이러한 부흥의 기운들이 이미 도처에서 싹트고 있다.

영국을 보면 여타의 학교들은 말할 것도 없고 영국을 대표하는 대학인 옥스퍼드와 케임브리지의 뛰어난 지성인들 가운데에도 복음적 신앙을 지닌 사람들이 생겨나고 있다.

이러한 현상은 유럽의 여러 나라에서도 찾아볼 수 있다. 성경의 가르침에 토대를 두면서도 학문적 수준에서 결코 다른 책들에 뒤지지 않는 책들이 출판되고 있다. 부흥의 기운은 미국에서도 싹트고 있다. 기독교 대학들은 누가 보더라도 훌륭한 책들과 논문들을 내놓고 있으며, 기독교인 학자들은 학계의 지적 풍토에 큰 영향을 끼치고 있다.

성경을 믿는 기독교인들이 주님의 재림을 기다린다는 것은 너무도 당연하다. 그러나 주께서는 우리가 죽고 훨씬 뒤에 오실 수도 있다는 것을 우리는 성경을 통해서 알고 있다. 그렇다면 우리에게는 주께서 오실 때까지 주님을 대신해서 이 세상을 올바르게 이끌어 나가야 할 책무가 주어진 것이다.

이 사명을 감당하려면 우리에게는 성령에 충만하면서도 학식에 뛰어난 지도력이 필요하다. 다시 말하면 성경과 자연, 자연과학, 문학, 예술 그리고 그 밖에 인간의 삶의 모든 영역에 담겨있는 하나님께 속한 진리들로 영과 마음이 아울러 무장된 사람들이 필요한 것이다. 이것이 바로 기독교 교육이 감당해야 할 주된 사명이다.

이처럼 기독교 교육과 기독교적 학문은 병행하는 것이다. 그리고 이러한 기독교 교육과 기독교적 학문이 없이는 우리 세대가 복음적 신앙을 온전하게 이어받을 수도 없다는 점을 깨달아야 한다. 우리는 이제 더 이상 종교 활동이라는 신성한 영역을 지키는 것만으로 만족해서는 안 된다. 이러한 주장은 성경적일 뿐만 아니라, 기독교 역사의 주류를 이루는 신학 및 신앙인들의 삶과도 합치되는 것이다.

따라서 필자는 이러한 입장에 대해서 구차하게 변명해야 할 필요를 느끼지 않는다. 오히려 담대하게 이렇게 주장하고자 한다. 기독교인들은 하나님을 믿지 않는 사람들보다 육체적으로 건강하여 장수하고 사회적으로 더 많은 사랑의 봉사를 해야 할 사명을 지니고 있지만, 다른 한편으로는 하나님의 은혜를 힘입어 지적인 면에서도 더 나은 생각을 해야 할 사명도 있다.

8. 기독교 교육의 도전

마지막으로 기독교 교육을 하나의 직업이라는 측면에서 살펴보겠다.

우리는 먼저 기독교 교육이 참으로 힘든 일이라는 점을 지적하지 않을 수 없다. 다른 모든 보람 있는 일들의 경우에도 그러하듯이 기독교 교육에도 수행해야 할 나름대로의 자질구레하고 단조롭기 짝이 없는 일들이 있다.

정신적으로 아직 성숙되지 못한 아이들을 다룬다는 것은 우리에게 큰 활기와 사명감을 북돋워주는 일이면서도 동시에 육체적으로나 정신적으로 우리를 지치게 만드는 일이다. 그것은 어떻게 보면 우리의 신경을 과도하게 긴장시키는 일이기도 하다.

진실한 교사라면 누구나 다 누가가 위대한 스승이셨던 그리스도에 관하여 쓴 글 가운데, "능력이 예수께로부터 나와서 모든 사람을 낫게 함이러라"(눅 6:19)라고 한 말의 의미를 약간은 이해할 수 있을 것이다. 교사의 보수는 어떤 분야든 그리 높지 못하지만 기독교 교육기관의 보수는 그 가운데서도 낮은 편이다. 게다가 교사라는 직업은 어린이나 젊은이들과 어울리는 것을 좋아하지 않는 사람들에게는 힘든 일이다. 사실 기독교인이라고 해서 다 어린이나 젊은이들과 어울리는 것을 좋아하는 것은 아니다.

그러나 소명의식이 있고, 어린이와 젊은이들을 그리스도와 같은 사랑과 동정심을 가지고 대하는 사람들에게는 기독교 교육이야말로 더할 나위 없이 영광된 일자리이다. 기독교 교육은 이 세상에서 가장 중요하고 값진 것, 즉 이제 막 자라나고 있는 인간의 영혼을 다루는 것을 의미한다. 기독교 교사가 지니는 주 예수의 표, 즉 자기희생의 표는 다른 어떤 직종보다도 더 뚜렷하다.

기독교 교사는 자기 자신이 무엇인가를 성취해 내는 데서 보상을 찾으려고 하지 않다. 그는 오히려 그가 가르친 학생들이 교사 자신이 혼자서 했을 경우보다 훨씬 더 위대하고 많은 일을 하나님 안에서 이루어 나가는 것을 볼 때 가장 큰 보람을 느낀다.

하나님께서 자신을 기독교 교사로 불러주셨다는 소명감을 지닌 사람들이 볼 때 기독교 교육은 광활한 미개척의 영역이다. 특별히 초중등 수준의 기독교 교육에는 아직 아무도 손대지 않은 일들이 산적해 있다. 앞으로 수십 년 안에 많은 기독교 학교들이 세워질 것이며 기독교 대학이나 신학교 또는 성경학교들도 더 늘어날 것이다.

이처럼 기독교 학교들의 수가 점점 확대되는 것을 볼 때 그리고 기독교 교육이 감당해야 할 책무가 너무도 막중하다는 짐을 생각해 볼 때 우리는 겸손해지지 않을 수가 없다. 우리는 사도 바울과 같이 "누가 이 일을 감당하리요"(고후 2:16)라고 탄식할 수밖에 없다.

그러나 우리가 기독교 교육을 통해서 그리스도를 섬기기로 작정하고 헌신할 때 우리는 또한 사도 바울과 같이 의심의 골짜기를 벗어나 "우리의 만족은 오직 하나님으로부터 나느니라"(고후 3:5)는 것을 깨닫게 될 것이다.

부록 1

기독교인은 어떤 학교에 다녀야 하는가?

오늘날처럼 세속주의가 만연해 있는 사회 속에서 기독교 교육의 문제를 검토할 때 늘 제기되는 심각한 문제가 하나 있다.

'오늘날처럼 세속적 세계관이 만연되어 있는 사회 속에서 기독교인들이 꼭 기독교 학교에 다녀야 할 어떤 필연성이 있는가? 기독교인들은 국공립 학교에는 다녀서는 안 된다는 말인가?'

이 문제는 아주 현실적인 문제이기 때문에 이 질문에 대답하기 위해서는 먼저 오늘날 미국에서의 기독교 교육의 현실이 어떠한지를 살펴보지 않을 수 없다.

미국의 기독교 교육은 고등교육에 너무 치우쳐 있다. 미국의 기독교 교육은 마치 역삼각형과 같아서 그 토대가 너무 좁고 불안하기 짝이 없다. 교육 기관이나 학생 수를 보더라도 고등교육 쪽이 단연 우세하다. 기독교 교육에 대한 투자와 후원은 상당히 오랫동안 주로 대학, 신학교, 성경학교 등의 고등교육 쪽에만 집중되어 왔다. 이에 반하여 이러한 상급학교들과 고등교육을 받쳐주고 있는 기초 단계의 교육과 학교에 대한 투자와 관심은 아주 빈약한 것이었다.

고등교육 분야에서는 기독교 교육이 비교적 잘 정비되어 있고 또 기독교 학교들도 제법 많기 때문에 '기독교인들은 기독교 학교에 다녀야 한다'는 주장이 그다지 문제가 되지 않지만, 초중등 교육 단계에서는 심각한 문제가 아닐 수 없다. 기독교 교육의 이러한 불균형은 그동안 우리가 초기 교육의 중요성을 간과한 나머지 초래된 것이다.

발달심리학을 보더라도 발달의 초기 단계가 무엇보다도 중요하다는 점을 알 수 있다. 인격과 정서의 기본 틀이 형성되는 것이 바로 이때이며 세계관의 토대가 놓이는 것도 바로 이때다.

그럼에도 초중등 단계에서, 기녹교 신앙에 올바르게 도대를 둔 학문과 교과를 배우고 있는 기독교 어린이들은 극소수에 불과한 것이 오늘날 기독교 교육의 실정이다. 절대다수의 어린이들은 국공립 학교에 다니고 있는데, 이들 학교들은 비록 올바른 인격과 올바른 행동을 강조하지만 기독교적 세계관을 일관되게 그리고 체계적으로 가르치려는 노력을 하지는 않는다.

물론 가정이나 교회에서 어린이들을 위해 훌륭하고도 효과적인 교육계획을 수립해서 실천한다면 기독교 초등 및 중등교육의 문제점들을 어느 정도 보완할 수는 있다. 그러나 현대사회의 세속주의 물결이 너무나 거세기 때문에 그리고 초중등 단계에서 그 조류를 막아줄 수 있는 적절한 교육 기관이 거의 없기 때문에 인간 형성의 시기인 초중등 단계의 어린이들이 기독교적인 세계관을 배울 수 있는 기회는 거의 막혀있다고 볼 수 있다.

기독교 대학은 이처럼 초등 및 중등 단계에서 기독교 교육을 받지 못한 젊은이들에게 기독교 교육을 받을 수 있는 기회를 제공함으로써 나름대로 기독교 교육에 공헌하고 있다. 그리고 기독교 대학에서 가르치는 지식들이 하나님 안에서의 진리로서 좀 더 철저하고 올바르게 통합되어 간다면 그 공헌의 정도는 더욱 커지게 될 것이다.

기독교 대학들을 보면 "늦더라도 아예 없는 것보다는 낫다"라는 말이 아주 실감난다. 상당수의 사람들의 경우에는 대학에 이를 때쯤에는 이미 너무 늦어서 소용이 없는 일이 되어버리곤 하지만, 대학 수준에서 그나마 젊은이들에게 기독교적 학문과 세계관을 가르칠 수 있다는 것은 그나마 다행스러운 일이다.

물론 기독교 대학들의 역할이 젊은이들에게 기독교적 학문과 기독교적 세계관을 소개하고 가르치는 일에 그치는 것은 아니다. 기독교 대학들은 비율 면에서 볼 때 어떤 다른 종류의 대학들보다도 훨씬 더 많은 사회적 엘리트들을 배출해 냄으로써 미국의 교육계에서 아주 중요한 역할을 담당하고 있다. 기독교 대학들의 가치와 중요성은 의심할 여지 없이 확고한 것이며 우리는 앞으로도 계속해서 기독교 대학들에 대해 변함없는 관심과 후원을 베풀어야 할 것이다. 대부분의 젊은이들은 기독교 대학에 들어가서야 비로소 기독교적 학문들과 접해볼 기회를 얻는다.

그러나 이와는 달리 비교적 좋은 환경에서 자라난 젊은이들도 있다. 어려서부터 가정이나 교회에서 기독교적 학문관과 기독교적 인생관들을 최소한도 기본적인 것이나마 체계적으로 배울 수 있었던 젊은이들, 또는 기독교적 세계관과 기독교적 학문을 가르치기 위해 애쓰는 몇 안 되는 초등학교나 중등학교에 다니는 행운을 지녔던 젊은이들, 또는 하나님이 함께 하시는 몇몇 청소년 전도단체를 통하여 그리스도 중심적인 인생관에 눈을 뜬 젊은이들 중에는 믿지 않는 가정에서 온 젊은이들이 적지 않다. 이들이 바로 그들이다. 이러한 젊은이들의 수효를 모두 다 합치면 그리 적은 것은 아니다.

그런데 이들 중 전부는 아니지만, 상당수의 젊은이가 여러 가지 이유로 인해서 세속적인 대학들에 진학을 한다. 이러한 경우 이들의 대학 생활과 진리 탐구의 여정은 순소로울 수가 없을 것이다. 그들은 여러 가지 갈등상황 속에서 번민하게 될 것이며, 그들의 믿음이 과연 굳은 것인지에 대한 불같은 시련을 겪게 될 것이다.

그러나 이들이 만약 진리의 말씀에 든든하게 서있기만 한다면 그들은 담대하게도 그들의 기독교적 입장들을 견지해 나갈 수 있을 것이다. 그리고 나아가서 이들 가운데 몇몇 사람들은 오늘날 기독교계가 절실하게 필요로 하는 탁월한 학문적 능력을 지닌 기독교인이 될 수 있을 것이다.

어거스틴은 4세기경 로마제국의 이교적인 학교들에서 이교적인 학문들을 배우고 익혔지만 하나님께서는 어거스틴의 이러한 학문적 능력들을 하나님의 교회를 위해서 사용하도록 만드셨던 사실을 우리는 익히 알고 있다. 하나님은 오늘날 우리의 시대에도 이러한 일을 능히 다시 행하실 수 있는 분이시다.

부록 2

예수의 종교사상에 대한 교육학적 연구[1]

1. 서론

1) 개혁과 문화 발전

인류 문화의 발전 과정은 크고 작은 개혁들로 점철되어 있다. 만약 인류가 단순히 옛것을 답습하기만 했을 뿐 개혁하는 일에는 무관심했다면 오늘날과 같은 근대적인 사회는 결코 이루어질 수 없었을 것이다. 그러나 지나간 시대의 무수한 개혁에도 개혁의 필요성은 여전히 절실하다. 사회를 개혁해 나가기 위해서 제일 먼저 결정되어야 할 것은 '개혁의 방향'이다.

우리는 우리 시대를 과연 어떤 방향으로 무엇을 향하여 개혁시켜 나가야 하는가?

---

[1] 역자 서문에서 밝힌 바와 같이, 이 글은 「공주대학교 논문집」제28집(1990.12.)에 실렸던 것으로 원서의 이해를 돕기 위해 본 번역서에 실었다-편집자 주.

이 질문은 어떤 점에서 보면 정답이 있을 수 없는 일종의 개방된 (opened) 성격을 지닌다. 그러나 다른 점에서 보면 이 질문에 대한 대답은 이미 주어진 또는 내려진 것이라고 할 수 있다. 그것은 우리가 '개혁'이었다고 평가를 내리는 크고 작은 역사적 노력들, 특별히 우리가 '위대했다'고 생각하는 개혁들 가운데 이미 함의되어 있다.

우리가 역사상의 어떤 개혁적 노력을 '위대한 것'이라고 평가한다는 것은 그 개혁이 인류사회의 진로에 이미 어떤 커다란 방향성을 제시했을 뿐만 아니라 그 방향 제시가 아직까지도 우리 인류에게 유효한 것임을 인정하는 것이다. 그렇다면 우리가 나아가야 할 올바른 방향을 찾으려는 노력은 지나간 시대의 위대한 개혁들의 참된 의미를 배우려는 겸손한 노력 가운데 있는 것으로서, 이 두 가지 과정은 본질상 동일한 것일 수밖에 없다.

우리는 과거의 위대했던 개혁들을 단순히 '지나간 사건'으로만 취급해서 기껏해야 그들이 역사적으로 어떤 영향을 끼쳤는가를 평가하는 데 만족해서는 안 된다. 우리는 나아가서 그 위대했던 개혁들의 진정한 의미를 재발견하고 오늘날에 되살리려는 데에 더 많은 노력을 기울여야만 한다. 그리고 이러한 노력은 교육학의 영역에서도 필요하다.

2) 예수의 종교개혁이 지니는 교육적 의미

우리는 흔히 예수의 개혁은 종교적인 것이며 교육과는 멀거나, 심지어는 무관한 것이라고까지 생각하기 쉽다. 그러나 오늘날의 교육만큼 예수의 개혁 정신이 절실히 요청되는 분야도 드물다. 예수 당시에 '종교'는 '신 앞에서 아름다운 삶을 살아가는 것'을 의미하기보다 '어떤 규격화된 종교적 규율들을 지키는 활동과 동일시되었으며 또한 어떤 다른 목적들, 예컨대 정치적, 경제적, 사회적인 목적들의 수단으로 전락되어 있었다.

반면에 예수는 '아름다운 삶의 모습 자체'를 '어떤 종교적 규율들을 지키는 행위'보다 더 중요시했으며 종교의 목적을 '하나님 앞에서 올바로 사는 것 그 자체'에다 두었다. 예수의 이러한 관점은 다음과 같은 그의 가르침에 잘 나타나 있다.

> 그러므로 예물을 제단에 드리려다가 거기서 네 형제에게 원망들을 만한 일이 있는 것이 생각나거든 예물을 제단 앞에 두고 먼저 가서 형제와 화목하고 그 후에 와서 예물을 드리라(마 5:23-24).

오늘날의 교육은 '인간다운 삶을 배우고 익히는 것'을 의미하기보다 '학교라는 특정한 형식의 과정에 참여하는 것'과 동일한 것이 되어버렸다.

또한, 교육은 어떤 다른 목적들, 예컨대 정치적, 경제적, 사회적 목적들을 위한 수단으로 전락되어 버렸다. '교육'의 참된 의미가 단순히 '학교에 다닌다'는 것이 아니라 '올바른 삶을 배우는 것'이라고 본다면 종교적 의식보다는 올바른 삶을 강조했으며 나아가서 그 올바른 삶의 모습이 어떠한 것인지를 가르치기 위해 애썼던 예수의 개혁적 노력들은 그 본질상 교육적인 것일 수밖에 없다.

사실 예수는 '인류의 스승'으로 불리고 있다. 그것은 그가 인간다운 삶을 가르쳤고 보여주었기 때문이었다. 그럼에도 교육학계에서 예수를 연구하고 배우는 것이 종교에서나 할 일, 또는 기껏해야 교육학의 비본질적인 일인 것으로 취급되는 것은 참으로 이해할 수 없는 현상이다. 교육학은 이제 학교교육의 시녀라는 도착된 자의식에서 벗어나 '올바른 삶에의 헌신'이라는 자신의 좀 더 큰 본질을 자각해야만 한다.

이 글에서 나는 인간다운 삶을 지향하는 좀 더 폭넓은 교육학의 관점에서 예수의 종교사상을 검토하고 정리하려고 한다. 이러한 노력은 기독교와 교육이 이 사회와 인간들의 삶을 개혁시키고 변화시키기 위해서 같이 협력할 수 있으며 또한 같이 협력해야 함을 보여줄 것이다.

먼저 기독교와 교육이 역사적으로 어떻게 관련되어 왔는가에 관하여 살펴보고, 다음으로 예수의 종교사장을 교육학적 관점을 가지고 해석해 보겠다.

2. 종교와 교육: 역사적 고찰

1) 이교적 문화 속에서의 교육

교육의 구체적 내용과 성격은 시대에 따라, 사회에 따라 많은 차이를 보인다. 동양의 교육은 비교적 윤리적인 성격이 강했던 반면에, 그리스의 교육은 보다 지적이었으며, 로마의 교육은 실용적인 특성이 강했다. 그러나 이러한 모든 차이점에도 어느 시대나 어느 사회건, 교육은 사회적으로 바람직한 품성의 도야라는 통일한 목적을 지닌다.

그런데 이들 사회는 '바람직한 품성'의 특성을 규정하고 실현하는 일에 종교가 그 중요한 기준과 원리를 제공하는 것이라고는 생각하지 않았다.

동양의 교육은 전통적으로 종교를 철저히 배격했으며, 그리스는 종교를 일종의 놀이나 유희, 즉 카타르시스적 활동의 하나로 여겼고, 로마는 인간의 의지나 신념을 강화하기 위한 수단의 하나로 보았다. 이들 사회에서는 교육은 종교의 담당자가 아니었다. 교육에 대해 종교가 영향력을 행사하는 것은 부정적인 것으로 평가하거나 기껏해야 보조적인 것으로 여겼다

2) 기독교적 문화 속에서의 교육

이에 반하여, 유대 민족은 종교가 교육의 목적, 내용, 방법에 관한 궁극적 준거라고 확신했다. 이들은 종교가 현실사회와 대립되는 어떤 내세적인 것 혹은 현실사회의 어떤 한 부분에 국한되는 활동이라고 생각하지 않았다. 그들에게는 삶 전체, 삶 자체가 종교였다. 종교는 문화의 한 분야가 아니라 오히려 모든 문화 영역이―예컨대 정치, 경제, 사회, 학문, 도덕, 예술 등―종교의 일정한 부분들을 담당하고 있는 것으로 생각되었다.

기독교는 유대 민족의 이러한 종교적 전통을 그 모체로 하여 탄생했다. 기독교가 중세라는 미증유(未曾有)의 종교적 세계문화를 건설할 수 있었던 배경에는, 유대 민족으로부터 물려받은 바로 이러한 전 포괄적 종교관이 큰 역할을 담당했다.

중세 말에 이르자, 문화의 각 분야는 종교로부터의 독립을 선언하고, 각자 독자적인 원리들에 따라 독자적인 법칙들의 세계를 구축하기 시작했다. 중세의 종교지도자들이 이러한 경향을 배척하고 금기시했다는 것은 오늘날 모르는 사람이 없을 정도로 널리 알려진 사실이다.

그러나 우리는 당시의 종교 지도자들이 정말 우려하고 반대했던 것이 무엇이었는가에 대해서는 대부분 잘못 판단하고 있다. 그들은 '새로운 문화 영역들의 성립'에 반대하고 있었던 것이 아니다. 그들은 '삶의 일부가 아니라 삶 전체 그리고 삶 자체'라는 기독교의 본질적 특성이 와해될 것이라는 점을 우려하고 있었던 것이다.

이후의 역사는 중세 말 종교 지도자들의 이러한 우려가 비지성적이라거나 빗나간 것이었음을 입증해 주기는커녕 그들의 우려가 참으로 통찰력 있는 것이었음을 잘 보여준다.

3) 중세 이후

중세 이후로 '기독교'는 삶 전체이거나 삶 자체가 아니라, 삶의 일부일 뿐이라는 생각이 지배적이게 되었다. 기독교도 이러한 시대적 상황을 현실로서 인정하고 나름대로 적응해 나가지 않으면 안 되었다.

공교육에서의 인간 형성의 문제도, '신 앞에 서있는 인간'이라는 종교적 관점에서부터 '함께 살아가는 인간'이라는 지극히 인간적인 관점으로 전환되었다. 신의 명령이나 신적인 권위보다, 인간의 이성적인 판단과 자율성이 존중되고 있으며, 도덕 법칙들도 신의 명령이라기보다 인간들 사이의 합의에 의한 사회적 상호작용의 원리에 불과한 것으로 여겨지고 있다.

그리고 인간의 지성과 기능들은 죄악시되기는커녕 오히려 인간을 무지와 비능률의 속박으로부터 해방시키는 구원자로 떠받들어지고 있다. 이러한 '계약적'이고 '이성적'인 삶의 모습들은 로마적이고 그리스적인 전통의 부활이라고 보아도 틀림이 없다.

중세에는 종교가 없이는 아무것도 할 수가 없었으나 이제 종교는 교육의 모든 면에서 거치적거리는 존재로서 따돌림을 받고 있다. 공교육은 기독교가 아동을 비합리적이고 권위주의적이며 맹신적인 사람으로, 다시 말하면 비교육적인 사람으로 만들고 있다고 비난하면서 공교육의 현장에서 기독교적 방법과 활동들을 추방하는 것을 교육의 발전과 동일시하기에 이르렀다.

칸트는 "현세에서의 삶을 이제 막 시작하려는 아동들에게 내세에 관해서 말해주는 것보다 잘못된 것이 또 있을까?"라고 했고, 루소는 "종교 교육은 매우 조심해서 하지 않으면 아동들은 잘못된 관념을 형성하게 되고 그것은 이후에 다시 고치기가 매우 어렵다"라고 말했다.

이러한 입장에 의하면, 기독교 교육을 꼭 해야 한다면 그것은 아동의 인격이 공교육에 의해 충분히 성숙된 이후에나 이루어져야 할 것이 된다. 즉 기독교가 아동의 인간 형성에 참여하는 것은 해롭다는 것이다.

그러나 예수는 "내가 곧 길이요 진리요 생명이니 나로 말미암지 않고는 아버지께로 올 자가 없느니라"(요 14:6)라고 말씀했고 성 어거스틴은 "먼저 하나님을 믿으라 그리고 무엇이든지 하라"라고 말했다. 이것은 기독교의 진리를 배우지 않고는 인류가 염원하는 참다운 인간과 사회는 결코 형성될 수 없을 것이라는 입장이다. 즉 세속 교육에 의한 인간 형성은 기독교적으로 볼 때 해롭다는 것이다.

인간 형성을 매개로 한 기독교와 공교육 사이의 이러한 긴장관계는 오랜 역사를 지닌 것이며, 오늘날에도 여전히 공교육은 '종교가 교육에 지배력을 행사하려고 들지 않을까,' 그리고 종교는 '혹시 교육이 종교에 영향력을 행사하려고 들지나 않을까' 상호 경계심을 늦추지 못하고 있는 형편이다. 만약 기독교 교육이 이루어지면 이루어질수록 그만큼 비교육적 특성이 증대하고, 공교육이 이루어지면 이루어질수록 그만큼 비기독교적 특성들이 증대한다면, 기독교와 공교육은 인간교육을 위하여 협력하기보다 서로 상대방이 실패하기를 바라게 될 것이다.

4) 앞으로의 전망

'인간 형성'이라는 문제에 관하여, 기독교가 공교육과는 근본적으로 구별되는 독자적인 입장을 지니고 있다는 것은 부인할 수 없다. 물론 '독자적'(獨自的)이라는 개념은 '독단적'(獨斷的)이라는 개념과는 명백히 구분되어야 함에도, 종래의 종교 교육이 독단적이고 권위주의적이었으며, 미리 조직된 종교적 신념들을 일방적으로 주입시키는 일에 주력했다는 것을 부인할 수는 없다.

그러나 기독교 교육도 요즈음에는 주어진 교리들을 단순하게 암기시켰던 그동안의 독단적인 방식에서 벗어나, 교육상의 여러 가지 원리들을 받아들이고 적용시키려는 노력이 활발해지고 있다. 이러한 노력들은 '종교 교육'을 '교리들을 신념화시키는 수단'으로서 보기보다, '교육적 원리들의 적용을 받아야 할 교육의 한 영역'으로서 보려는 입장을 취하는 것이다. 이처럼 기독교 교육이 종교 현상임과 동시에 교육 현상이기도 한 것으로 여겨지기 시작한 것은 비교적 최근의 일이다.

 기독교가 비록 독자적이고 체계적인 인간 형성의 논리를 지니고 있다고 할지라도 기독교적인 원리를 공교육에 그대로 시행할 수는 없다. 그러나 기독교가 그들의 교육을 교육적 원리에 의해 재조명하고 재조직하는 일을 지속적으로 해나간다면, 그동안 각기 제 갈 길을 가고 있던 기독교와 교육은 좀 더 가까워질 수 있을 뿐만 아니라, 나아가서 바람직한 인간 형성이라는 공동의 목표를 달성하기 위하여 서로 협력하고 대화하는 일도 가능하게 될 것이다.

 그러나 이상과 같은 노력은 기독교만이 해야 할, 또는 할 수 있는 성질의 것은 아니다. 사실 공교육도 어떤 점에서 보면 일종의 신앙이다. 공교육의 토대가 반드시 객관적이며 합리적인 것이라고만 볼 수는 없다. 공교육도 상당한 정도는 이상적 인간과 사회에 관한 나름대로의 신념들 위에 성립된 것이다.

 따라서 공교육은 기독교를 신념이나 신앙으로 매도해 버릴 것이 아니라, '불완전하고 모순으로 가득 찬 인간들과 인간 사회를 온전한 모습으로 변화시켜 가려는' 선의의 동반자로 보고, 기독교에 대해 좀 더 많은 관심을 가지고 연구해야 할 것이다.

3. 예수의 종교사상

1) 하나님의 아들

기독교의 가장 핵심적인 사상의 하나는 '예수가 곧 하나님의 아들'(눅 22:70)이라는 주장이다. 이렇듯 기독교는 어떤 도덕적, 철학적 체계이기 이전에 예수에 대한 전폭적인 신뢰와 믿음이라는 점에서 종교적일 수밖에 없으며, 배타성과 독단성을 지닌다. 반면에 공교육은 개방성과 합리성을 그 기본전제로 삼고 있기 때문에, 기독교의 이러한 독단성과 공교육의 마찰은 당연하다.

현대의 일부 신학자들 중에는 기독교의 이러한 독단성을 제거시킴으로써, 기독교와 공교육의 조화를 꾀하려고 드는 사람들도 있다. 이들은 예수가 실재했던 인물이건 하나님의 아들이건 그러한 것은 그다지 중요한 문제가 아니며, 성경의 교훈과 예수의 생애에 관한 이야기들을 통해서 사람들의 인격이 고양되고 사회가 변화되면, 그것으로 기독교의 목적은 훌륭하게 달성되는 것이라고 주장한다.

그러나 이들은 그 성경의 교훈과 예수의 생애에 관한 이야기들 가운데에서 중심을 이루는 부분이 다름이 아니라, '예수가 하나님의 아들'이라는 주장인 점을 간과하고 있다. 사실 예수의 가르침과 행적의 상당한 부분이 사람들로 하여금 자신이 하나님의 아들임을 깨닫게 하도록 하는 목적을 지닌 것이었음을 부인할 길이 없다.

예수는 "너희가 성경에서 영생을 얻는 줄 생각하고 성경을 연구하거니와 이 성경이 곧 내게 대하여 증언하는 것이니라"(요 5:39)라고 했으며, 그 제자 빌립이 하나님을 보여달라고 했을 때, "나를 본 자는 아버지를 보았거늘 어찌하여 아버지를 보이라 하느냐 내가 아버지 안에 거하고 아버지는 내 안에 계신 것을 네가 믿지 아니하느냐 … 그렇지 못하겠거든 행하는 그 일로 말미암아 나를 믿으라"(요 14:9-11)라고 말씀했다.

기독교의 위대한 사도였던 바울이, "우리가 살아도 주를 위하여 살고 죽어도 주를 위하여 숙나니 그러므로 사나 죽으나 우리가 주의 것이로다"(롬 14:8)라고 고백했듯이, '예수 = 하나님의 아들 = 구세주'라는 등식은 예수의 시장과 삶을 이해하는 일에 핵심적인 대전제임을 인정해야 한다. 따라서 공교육은 예수의 독단성을 회피하거나 제거시키기보다 오히려 그 독단성을 인정하고 직면해야만 그의 사상을 온전히 이해할 수 있음을 알아야 한다.

2) 예수의 사명의식의 특이성

유대 민족은 B.C. 11세기경에 통일왕국을 세웠으나 B.C. 9세기경 이후로는 줄곧 앗시리아, 바빌론, 페르시아, 마케도니아, 로마 등의 이민족들에게 지배를 받았다. 당시에 유대는 로마의 통치하에 있었고, 독립에의 갈망은 극도로 고조되어 있었다. 그들은 옛날 그들이 애굽의 노예로서 신음하고 있었을 때에 하나님께서 선지자 모세를 통해 구원해 주셨던 것처럼 로마의 치하에서 신음하고 있는 자신들을 구원해 주실 것이라고 믿었다.

이러한 믿음을 '메시아 신앙'이라고 한다. '메시아'(Messiah)는 히브리어로 '기름 부음을 받은 자'라는 뜻이며 왕, 제사장 또는 선지자를 의미한다. 라틴어로는 '그리스도'(Christus)이다. 그들은 하나님이 메시아를 보내실 것이요, 그는 와서 유대 민족을 로마의 압제로부터 해방시킬 뿐만 아니라, 나아가서는 유대 민족으로 하여금 모든 민족을 다스리게 할 것이라고 믿었다.

예수를 따르던 사람들은 예수가 메시아라고 생각했고, 예수 자신도 그것을 인정했다. 예수가 제자들에게 "너희는 나를 누구라 하느냐?"라고 묻자, 그의 제자 베드로는 "주는 그리스도시요 살아계신 하나님의 아들이시니이다"라고 대답했고, 예수는 "네가 복이 있다"라고 하여 그것을 시인했다(마 16:15-17).

그러나 예수의 메시아관과 그를 따르던 사람들의 메시아관 사이에는 큰 차이가 있었다. 그들은 메시아를 '심판자'(마 3:7-12) 또는 '통치자'(요 6:14-15)로 파악했던 반면, 예수는 메시아를 '구원자' 또는 '희생자'로 파악하고 있었다. 그래서 그는 "인자가 온 것은 섬김을 받으려 함이 아니라 도리어 섬기려 하고 자기 목숨을 많은 사람의 대속물로 주려 함이니라"(막 10:45)라고 말씀했던 것이다.

이렇게 되자, 예수를 메시아라고 믿었던 사람들 사이에 의문이 생기게 되었다. 그들은 자신들의 메시아관을 재검토하기보다, 예수의 메시아성을 의심하는 편을 선택했다. 예수의 열두 제자의 하나인 가

롯 유다가 자신의 스승을 은 30에 팔았던 것도 메시아관의 이러한 차이에서 연유했던 것이라고 볼 수 있다.

　당시의 민중적 종교지도자로서 존경을 한몸에 받았던 세례 요한도 이러한 사람 중의 하나였다. 그는 당시의 왕 헤롯의 불륜을 탄핵하다가 옥에 갇히게 되었는데, 그는 옥중에서 자기 제자를 예수에게 보내 다음과 같이 자신의 의문을 전달했다.

　　　오실 그이가 당신이오니이까 우리가 다른 이를 기다리오리이까
　　　(눅 7:19).

　이에 대하여 예수는 "너희가 가서 듣고 보는 것을 요한에게 알리되 맹인이 보며 못 걷는 사람이 걸으며 나병환자가 깨끗함을 받으며 못 듣는 자가 들으며 죽은 자가 살아나며 가난한 자에게 복음이 전파된다 하라"(마 11:4-5)라고 답함으로써, 그의 메시아관을 그대로 드러내었다.

　결국 예수는 하나님의 아들이지만, 심판자, 정복자, 통치자로 온 것이 아니요, 구원자, 돕는 자, 섬기는 자로 왔다는 주장이다. 예수는 "너희 중에는 그렇지 않을지니 너희 중에 누구든지 크고자 하는 자는 너희를 섬기는 자가 되고 너희 중에 누구든지 으뜸이 되고자 하는 자는 모든 사람의 종이 되어야 하리라"(막 10:43-45)라고 가르쳤다.

　예수를 하나님의 아들로서 믿는다는 것은 바로 예수의 이 말을 믿고, 이 가르침대로 산다는 것을 뜻한다. 예수의 이러한 사명의식과

직결된 개념이 바로 '인자'라는 개념이다.

다음으로 '인자'라는 개념에 관하여 살펴보기로 한다.

3) 사람의 아들

(1) 기존의 해석

예수를 지칭하는 명칭은 아주 다양하다. 예를 들어 말씀, 구세주, 선생님, 다윗의 후손, 하나님의 아들, 이스라엘의 왕, 빛, 목자, 생명의 떡, 인자 등과 같은 명칭들이다. 이러한 용어들은 모두 나름대로의 특성을 지니지만, 이 가운데서도 '인자'라는 명칭은 아주 특이할 뿐만 아니라, 해석하기도 가장 어려운 것으로 평가되고 있다.

다른 명칭들은 제자들이 그를 부를 때, 혹은 예수 자신과 다른 사람들에 의해서 동시에 사용된 것들이지만, '인자'라는 명칭은 예수 자신만이 사용한 용어였다. 예수의 생애와 교훈이 기록된 복음서를 보면, 예수는 무려 80여 번이나 '나'라는 말 대신 '인자'라는 말을 사용했다. 기독교는 예수의 신성을 그 기본 전제로 하여 성립된 종교라는 점을 고려해 볼 때, 예수가 공식적으로 그리고 매번 스스로를 '인자'라고 호칭했다는 사실은 기독교인들을 난처하게 만든다.

도대체, '인자'라는 용어의 정확한 의미는 무엇이며 예수는 왜 그러한 용어를 사용했는가?

그동안 많은 사람은 '하나님의 아들'이라는 명칭이 예수의 신성을 의미하는 것인 반면에, '사람의 아들'이라는 명칭은 예수의 인성을 의미하는 것이라고 주장했다(대표적인 학자는 프랑스의 종교개혁자였던 존 칼빈이다). 그러나 이러한 주장은, 이미 예수를 하나님의 아들이라고 믿고 있는 현대 기독교인들에게는 그럴듯해 보이지만, 예수를 육체로서만 알고 목수 요셉의 아들로서만 알고 있었던 당시의 사람들의 경우에 적용해 본다면, 우스꽝스럽기까지 한 주장이다.

그들이 이해할 수 없었던 것은 예수의 신성이었지, 예수의 인성은 결코 아니었다. 예수가 당시의 사람들에게 매번 그리고 공개적으로 자신을 '사람의 아들'이라고 지적함으로써 자신이 인간임을 일깨워 주어야 할 필요가 어디에 있었단 말인가. 그들은 이미 예수가 인간인 것을 너무도 잘 알고 있었다.

'인자'[2](호 휘오스 투 안드로푸[ὁ υἱὸς τοῦ ἀνθρώπου])라는 말은 헬라어적인 표현법이라기보다, 오히려 히브리적 표현법에 속한다. 히브리어에서는, '~의 아들'이라는 표현은 어떤 사물이나 어떤 존재와의 유사성과 동일성, 또는 어떤 집단에 소속되거나 참여함 등의 뜻을 지닌다. 예컨대 '멸망의 자식'(요 17:12), '마귀의 자식'(행 13:10), '지옥의 자식'(마 23:15), '빛의 자녀'(엡 5:8) 등의 표현이 바로 그것이다.

이러한 관용적인 용법에 비추어서 '사람의 아들'이라는 용어를 풀이하면, 그것은 어떤 특별한 의미를 지닌 말이라기보다 단순하게 하나의 '인간'임을 나타내는 것임에 불과하다.

---

[2] 인자는 단 7:13에 있는 "인자 같은 이"(the son of man)로 권세, 영광, 나라를 다스리는 예수를 의미한다-특주.

(2) 새로운 해석: 예수의 자기 인식

그러면 예수가 사용한 '인자'라는 말도 이러한 일반적 용법의 하나로 볼 수 있는가?

물론 예수는 이러한 일반적 용법을 모르지도 않았을 것이고, 또 이러한 용법을 완전히 무시한 채 말하지도 않았을 것임에는 의심의 여지가 없다. 그러나 예수가 사용한 '인자'라는 용어는 한편으로는 이러한 일반적 용법에 기초를 두면서도 다른 한편으로는 인류를 구원하려는 하나님의 구원계획과 밀접한 관련성을 지닌 것이라고 보아야 한다.

그러면 '인자'라는 용어는 하나님의 구원계획과 어떤 관련성을 지닌 것일까?

기독교에서의 '인류의 구원'은 신인(神人) 관계의 회복을 의미한다. 그리고 신인 관계의 회복은 인간이 신 앞에 올바로 서있어야 함을 전제로 한다. 기독교에 의하면, 예수는 이 일에 성공함으로써 신과 인간 사이를 잇는 징검다리가 되었다는 것이다. 이러한 점에서 볼 때, 예수가 자신을 지칭했던 '인자'라는 용어는 '신 앞에 서있어야 할 존재'로서의 인간을 뜻하는 것이라고 말할 수 있다. 즉 그것은 예수의 자기 인식이었다는 것이다.

'나는 도대체 누구인가?'

수많은 철학자와 사상가와 현인들이 이 질문에 답을 얻기 위해서 그들의 생애를 바쳐왔지만, 인류에게 이 질문은 오늘날에도 여전히 수수께끼로 남아있다. '만물의 영장,' '이성적 동물,' '사회적 동물,'

'정치적 동물,' '경제적 동물,' '감성적 동물,' '예술적 동물,' '교육적 동물' 등등이 바로 우리가 우리 자신을 규정하기 위하여 사용해 온 정의 가운데 몇 가지다.

이러한 무수한 개념들 가운데 과연 어떤 것이 진정 나 자신의 모습이란 말인가?

그런데 이 모든 것들은 사실은 나 자신이라기보다, '나'의 어떤 단면들을 보여주는 것에 불과할 뿐이다.

만약 그렇다면, 이 모든 것을 다 갖춘 '나'라는 존재의 진정한 모습은 도대체 어떠한 모습인가?

예수는 자신을 '하나님 앞에 서있는' 존재로 파악했다. 기독교의 주장대로 예수가 '인류의 메시아'일 수는 있다. 그것은 '인류에게 메시아'인 것이지 '하나님에 대하여 메시아'인 것은 아니다.

바로 이 이유 때문에 '인자'는 결코 '메시아'의 다른 이름일 수가 없다. 예수 자신이 바라본 자신의 모습, 그것이 바로 '인자'였던 것이다. 그것은 자신이 하나님 앞에서, 그의 부르심에 응답하고, 그 뜻에 순종하고, 그 원하시는 바를 이루어 드려야 할 책무를 지닌 존재라는 자각에서 비롯된 이름이었다.

그동안의 끈질긴 노력에도, 교육학은 아직도 우리 자신의 정확한 모습을 규명해 주지 못하고 있다. 어쩌면 우리 자신의 모습은 실존주의자들의 말과 같이, '발견되는 것이 아니라 우리의 결단에 의해 선택되어야 할' 문제인지도 모른다.

그렇다면 교육학은 교육학이 인간의 참모습을 발견할 때까지 기다려 줄 것을 우리에게 강요할 것이 아니라, 각각의 결단에 따른 삶의 모습들과 그 삶의 모습들이 요구하는 전제조건들을 제시해 줌으로써, 우리가 책임 있는 결단을 내릴 수 있도록 도와주어야 할 것이다.
다음으로는 이상과 같은 예수의 종교사상을 교육적 관점에서 좀 더 자세히 검토해 보기로 한다.

4. 예수의 교육사상

1) 교사로서의 예수

예수는 보통 랍비(Rabbi)라는 칭호로 불리었는데, 이것은 '교사'라는 뜻이다. 물론 예수는 공인된 랍비는 아니었다. 왜냐하면, 당시의 랍비들은 사회적 지위가 매우 높았으며, 랍비가 되려면 특별한 교육 과정을 밟아야만 했는데, 예수는 그러한 교육을 받은 바가 없었기 때문이다. 그러나 그는 회당에서도 가르쳤고, 길거리에서도 가르쳤고 들과 산에서도 가르쳤다. 그리고 그의 가르침은 여러 가지 점에서 당시의 교사들인 서기관 및 바리새인들과 달랐다.
그 차이점을 당시의 사람들은 한마디로 다음과 같이 표현했다.

무리들이 그의 가르치심에 놀라니 이는 그 가르치시는 것이 권위 있는 자와 같고 그들의 서기관들과 같지 아니함일러라(마 7:28-29).

즉 그의 가르침에는 권위가 있었다는 것이다. 그러나 예수의 사회적 지위를(그는 목수였다) 생각해 볼 때, 그것은 '사회적 권위'였다기보다, 그 가르침 자체가 지니는 권위였음을 알 수 있다.

예수는 당시의 교사들을 향하여, "화 있을진저 너희 율법교사여 너희가 지식의 열쇠를 가져가서 너희도 들어가지 않고 또 들어가고자 하는 자도 막았느니라"(눅 11:52)라고 비판했는데 이 말은 교사의 권위란 어떤 사회적, 제도적 권위이기 이전에 '지적인' 권위이어야 함을 암시해 준다.

그리고 이때의 '지적 권위'는 단순히 지식의 '전달자로서의 권위'라기보다 진리의 '탐구자로서의 권위'여야 한다. 예수는 또 말하기를, "그들은 말만 하고 행하지 아니하며 또 무거운 짐을 묶어 사람의 어깨에 지우되 자기는 이것을 한 손가락으로도 움직이려 하지 아니하며"(마 23:3-4)라고 비난했다. 교사가 기존의 지식들을 단순하게 전달하기만 한다면, 그는 '말'만 하면 될 뿐 별다른 노력을 들이지 않아도 된다. 반면에, 그 지식을 단순하게 전달받아야 하는 아동들에게는 그것이 커다란 짐이 될 것이다.

사실 이러한 교사들은 '손가락 하나'도 움직이려고 들지 않는 교사라는 비난을 받아 마땅하다. 그러나 교사의 가르침이 단순한 지식의 전달이 아니요 하나의 지적 권위를 지닌 가르침일 때, 그 가르침들은 아동에게 진리의 문을 열어줄 수 있으며, 이러한 가르침은 그들에게 자유로움과 힘과 기쁨을 더해줄 것이다. 이러한 가르침을 베풀 수 있으려면, 교사는 '진리 탐구'라는 그야말로 특별한 노력을 기울여야만 할 것이다.

예수는 "너희가 내 말에 거하면 참으로 내 제자가 되고 진리를 알지니 진리가 너희를 자유롭게 하리라"(요 8:31-32)라고 말씀했다. 이 말 가운데에서, 우리는 진리의 문을 열어주려고 하는 것이 바로 교사의 임무임을 알아차릴 수 있다.

교사로서의 사명을 올바로 감당할 수 있기 위해서는 먼저 진리에 대한 뜨거운 열정을 지닌 '구도자'이지 않으면 안 된다. 진리의 문을 스스로 열어본 경험이 없고, 또 열고자 원하지도 않는 사람은 다른 사람이 그 진리의 문을 열도록 도와줄 수도 없을 뿐만 아니라, 또 그렇게 하려고 애쓰지도 않을 것이다.

예수는 자신을 따르는 사람들을 향해 말씀하셨다.

> 수고하고 무거운 짐 진 자들아 다 내게로 오라 내가 너희를 쉬게 하리라 나는 마음이 온유하고 겸손하니 나의 멍에를 메고 내게 배우라 그리하면 너희 마음이 쉼을 얻으리니 이는 내 멍에는 쉽고 내 짐은 가벼움이라 하시니라(마 11:28-30).

이것이 바로 예수의 가르침이 지녔던 권위의 본질이었으며, 모든 교사가 지향해야 할 권위의 본질이기도 하다.

2) 예수의 교육이념: 거듭남

(1) 거듭남과 천국

예수 자신이 "내가 온 것은 세상을 심판하려 함이 아니요 세상을 구원하려 함이로라"(요 12:47)라고 말씀했듯이, 그의 사명은 '세상의 구원' 또는 '인간의 구원'이라고 말할 수 있다. 그리고 그의 복음 제일성이 "하나님 나라가 가까왔다"(막 1:14-15)는 것이었으며, 그의 유명한 산상수훈도 '천국'으로 시작하고 있는 점들을 미루어 볼 때, 그가 말하는 인간 구원은 사람들을 천국에로 초대하고 인도하는 것을 의미한다고 말할 수 있다.

그러면 '천국'(天國, the kingdom of God)은 어떤 곳인가?

천국은 하나님이 다스리는 나라, 즉 하나님의 말씀과 뜻이 존중되며 가장 궁극적인 척도가 되는 사회라고 말할 수 있다.

그러면 천국에는 어떻게 들어가는가?

우선 천국은 죽은 후에야 또는 죽어서 들어가는 곳이 아닌 것만은 틀림이 없다. 예수는 "하나님의 나라는 볼 수 있게 임하는 것이 아니요 또 여기 있다 저기 있다고도 못하리니 하나님의 나라는 너희 안에 있느니라"(눅 17:20-21)라고 말씀하셨다.

그렇다면, 육체적 '죽음'이라는 것은 천국에 들어가고 못 들어가는 것과는 별 상관이 없는 요소라고 볼 수 있다. 또한, 예수는 "사람이 거듭나지 않으면 하나님 나라를 볼 수 없다"(요 3:3)라고 말씀했는데, 이 말은 '거듭남'이 하나님 나라에 들어가는 가장 중요한 요소요 방법임을 보여준다.

(2) 거듭남과 교육

그러면 '거듭난다'(To be born again)라는 말의 의미는 무엇이며, 그것은 과연 어떻게 가능한가?

니고데모라는 사람이 예수에게 이렇게 물었다.

'다 자란 사람이 어떻게 다시 날 수 있겠습니까?

어머니 배 속에 다시 들어갔다가 태어난다는 말씀은 아니겠지요?'(요 3:5-8)

이에 대해 예수는 다음과 같은 취지의 대답을 한다.

'내가 거듭나야 한다고 말한 것은 육체적으로 거듭나는 것을 말하는 것이 아니고, 영적으로 거듭나야 한다는 것을 말한 것이다. 사람이 거듭나지 못하면 하나님 나라에 들어갈 수 없다.'

만약 예수가 말한 '거듭남'이 생물학적인 것이 아니고 정신적인 것이라면 교육학에서는 이 문제를 소홀히 다룰 수 없다. 왜냐하면, 교육의 목적은 인간 완성인데 인간의 완성은 정신의 성숙을 제외한다면 공허한 것이 되기 때문이다. 물론 교육에서의 인간완성은 주로 지속적 발전과 성장을 의미하는 반면 예수의 '거듭남'은 일종의 '방향전환'을 의미한다는 점에서는 차이를 보이지만, 이 둘이 다 같이 '참된 인간 실현'이라는 동일한 목표를 지향하고 있다는 것은 명백하다.

먼저 예수가 말하는 '영적인 거듭남'은 어떻게 가능한 것이며, 그것은 무엇을 의미하는가 하는 것을 살펴본 후에 예수의 종교사상이 가지는 교육적 가치에 관하여 검토해 보기로 한다.

(3) 거듭남: 자기 부인의 결과

'다시 태어난다'는 말은 논리적으로 '죽는 일'이 선행되어야 할 것을 요청한다.

그러면 '죽는다'는 말은 무슨 뜻인가?

우리는 어떻게 해야 죽을 수 있는가?

우리는 앞에서 '거듭남'이라는 것이 육체적인 것이 아니요, 영적인 것이었음을 살펴보았다. 그렇다면 '죽는 것'은 육체적 죽음이 아니요 '영적인 것'이어야 함을 알 수 있다.

그러면 도대체 '영적으로 죽는다'는 것은 무엇을 뜻하는가?

예수는 영적으로 죽는 것을 '자기 부인'이라고 본다. 그는 "누구든지 나를 따라오려거든 자기를 부인하고 자기 십자가를 지고 나를 따를 것이니라"(마 16:24)라고 말씀했다.

그러면 '자기 부인'은 무엇이며 그것은 어떻게 가능한가?

'자기 부인'은 자신의 부족함과 거짓됨과 악함과 무지함을 직시하고 자각하며 통탄하는 것을 말한다.

만약 이러한 자기 부인이 없으면 그가 어떻게 정신적으로 다시 날 수 있겠는가?

그러나 우리가 과연 그토록 잘못되어 있는가?

만약 잘못되어 있다고 하더라도 우리가 그것을 어떻게 인지할 수 있는가?

우리에게는 우리의 그러한 상태를 올바로 인지할 수 있는 어떤 길이 있는 것인가, 아니면 단지 우리의 상태가 그러한 것이라고 믿어야만 하는 것인가?

'자기 부인'에 도달하기 위해서는 '우리가 잘못되어 있음'을 믿을 수밖에 다른 길이 없다면, 예수의 교육사상의 합리적 깊이는 굉장히 얕은 것이라고 볼 수 있다. 그러나 만약 '우리가 잘못되어 있음'을 알 수 있는 타당한 길이 있다면, 예수의 교육사상이 지니는 합리성의 깊이는 그만큼 깊어진다고 말할 수 있다.

자기 부인을 할 수 있으려면, 먼저 자신이 악하고, 어리석고, 추하다는 사실을 절감해야 한다.

그러나 도대체 우리는 우리가 그렇다는 것을 어떻게 알 수 있다는 말인가?

무엇보다 '악하다,' '추하다'는 개념은 상대적인 것이라는 점을 인정해야 한다. "우리가 악하다"라는 말은 우리 자신을 어떤 대상과 견주어 볼 때, 악하고 어리석고 추하다는 말이지, 우리가 '악함 자체'라는 뜻은 결코 아니다.

사실 우리는 어린아이나 무지한 사람들과 비교해 볼 때, 훨씬 더 지혜롭고 악을 밥 먹듯이 행하는 파렴치한 사람들과 비교해 볼 때, 선하고 아름답다. 우리가 우리보다 못한 존재들과만 대변하는 한, 우리는 우리의 악함을 깨달을 수 없다. 바꾸어 말하면 만약 우리가 우리보다 뛰어난 존재와 만날 수만 있다면 우리는 우리의 악함을 깨달을 수 있는 가능성이 있다는 것이다.

(4) 자기 부인: 절대자와의 만남

그러나 이 땅 위의 인간들 가운데 우리 자신의 어리석고, 추하고 무가치하고 악함을 뼈져리게 느끼게 해줄 수 있을 만한 그러한 존재가 과연 있는가?

위의 질문에 대한 예수의 대답은 '없다'이다. 사도 바울은, "의인은 없나니 하나도 없다"(롬 3:10)라고 주장했다.

교활한 인간들로 하여금 자신의 무지와 악함을 깨닫게 해 줄 수 있는 존재는 절대자밖에 없다. 인간들로 하여금 자신의 무가치성을 깨닫고 사기를 부인함으로써, 거듭나게 하기 위해서는 신의 도움이 질대적으로 요청되는 것이다. 바로 여기에서 예수의 교육사상은 종교로 비약하게 된다. 유일하신 하나님과 대면하지 못한 사람은 자신의 추함을 깨달을 수가 없다.

예수의 일생은 사람들에게 하나님을 소개하고 만나도록 해주는 일이었다. 왜냐하면, 하나님을 만나는 일이 없이는 거듭남도 없고, 거듭남이 없이는 천국에 들어갈 수가 없기 때문이다.

그러면 하나님은 누구이고 어떤 분인가?

과연 누가 하나님을 알고 있는가?

과연 인간이 하나님을 만날 수 있는가?

하나님은 이 세상의 물질들처럼 우리의 관찰과 실험의 대상이 될 수 없다. 따라서 하나님은 학문적 탐구로써 알 수 있는 존재가 아니다. 그는 인격적 존재로서, 그와의 진실된 사귐을 통해서만 알 수 있으며, 하나님을 아는 사람만이 하나님을 소개할 수 있다.

그러면 누가 그와의 진실된 사귐을 가질 수 있는가?

이 질문에 대한 예수의 대답은 그 사람은 바로 "하나님의 사랑하는 아들이며, 자신이 곧 그"라는 것이었다.

예수가 과연 하나님의 아들이었는가라는 것은 논란의 여지가 있다. 그러나 하나님의 아들만이 하나님을 알고 그를 올바로 보여줄 수 있다는 그의 논리는 정당한 것이다.

기독교는 "예수가 바로 하나님의 아들이다"는 믿음만을 강요하는 비합리적인 종교가 아니다. 기독교는 인간의 거듭남에 관한 이상과 같은 합리적인 논리체계를 지니고 있으며, 나아가서 그 논리체계는 예수에 대한 신앙이 기독교에서 왜 그토록 중요한 것인지도 잘 보여준다.

인간의 눈으로는 절대자를 볼 수 없다. 인간의 마음과 눈은 이미 그러한 능력을 잃었다.

만약 인간이 하나님을 찾아 만날 수 없는 것이라면, '거듭남'이라는 예수의 목적은 논리적으로 실현 불가능한 것이 아닌가?

이 질문에 대한 예수의 대답은 "사람으로는 할 수 없으나 하나님으로서는 다 하실 수 있느니라"(마 19:26)였다. 즉 하나님이 직접 인간들이 볼 수 있는 모습과 방법으로 인간을 찾아왔다는 것이며, 자기가 바로 그분이라는 것이다. 그의 제자 빌립이 '하나님을 보여주면, 선생님의 말을 믿겠다'라고 요청하자, 예수는 단호하게 "나를 본 자는 아버지를 보았거늘 어찌하여 아버지를 보이라 하느냐"(요 14:9)라고 대답했다.

성경의 도처에서 우리는 예수를 만난 후 거듭나는 사람들에 대한 기록들을 찾아볼 수 있다. 그의 제자 베드로는 예수를 만난 후, 그 앞에 무릎을 꿇고 말하기를 "주여 나를 떠나소서 나는 죄인이로소이다"(눅 5:8)라고 고백했으며, 위대한 전도자였던 사도 바울은 예수를 만난 후 자신을 스스로 "죄인 중에 내가 괴수"(딤전 1:15)라고 고백했다.

사실 베드로나 바울은 인간적이고 세상적인 관점에서만 본다면, 성실하고 의로운 사람들이지 결코 '죄인'일 수가 없다.

그렇다면 그들이 스스로를 '죄인'이요 '죄인 중에 괴수'라고 칭하는 것은 어떻게 해석되어야 하는가?

그것은 그들이 예수 안에서 절대자와 대면했기 때문이라고밖에 달리 볼 수가 없다. 그들은 예수 안에서 하나님과 직면함으로써 자신들의 추한 모습을 자각했던 것이다. 예수가 "나는 의인을 부르러 온 것이 아니요 죄인을 부르러 왔노라"(마 9:13)라고 말씀했을 때 그 '죄인'은 문자 그대로의 죄인을 의미하는 것이 아니라, '절대자 앞에 서있는 또는 서있고자 하는 인간'을 의미하는 것이라고 보아야 한다.

(5) 거듭남에 실패한 사람들

물론 성경을 보면, 예수를 만난 후에도, 거듭나기는커녕 오히려 예수를 '거짓말쟁이'요 '귀신 들린 자'라고 몰아세웠던 사람들을 발견할 수 있을 뿐만 아니라 심지어는 그의 제자 가운데에서도 유다와 같이 그를 팔아넘겼던 사람이 있었음을 발견할 수 있다.

그러면 이처럼 예수의 모든 말과 능력과 행위를 보고 들었음에도 그의 앞에 무릎을 꿇기는커녕 그를 죽이려 들었던 사람들이 있었던 일은 어떻게 설명할 수 있겠는가?

예수는 자신의 교훈이 옳다는 것에 관해서는 확고한 신념을 지니고 있었지만, 자신의 말을 듣는 모든 사람이 그것을 받아들이리라고는 결코 생각하지 않았다. 그는 자신을 따르는 사람이 많은 까닭은 자신의 인격과 가르침 때문이 아니라 자신의 능력과 기적을 본 때문이라고 말했다.

그는 항상 말하기를, "들을 귀 있는 사람은 들으라"고 했고, "어찌하여 내 말을 깨닫지 못하느냐 이는 내 말을 들을 줄 알지 못함이로다"(요 8:43)라고 말씀했다. 즉 그들은 예수가 보여주고 들려주고자 하는 그 핵심은 놓치고 엉뚱한 것만을 보고 들었다는 것이다.

그들은 예수의 말과 행동을 보고 듣는 가운데, 그 안에서 일하시는 하나님의 모습을 발견하려고 하기보다, 그의 말과 행동이 이제까지 생명처럼 아껴온 자신들의 삶과 자신들의 세계에 유익을 주느냐 해를 끼치느냐 하는 것만을 따지고 있었다.

그들은 예수의 삶과 가르침이 이제까지 안주해 온 자신들의 삶의 양식 및 사고방식과 양립할 수 없는 것임을 직감했다. 따라서 예수의 능력과 진실성이 크면 클수록 그에 대한 반작용은 더욱 커질 수밖에 없었다. 예수는 말하기를, "너희가 내 양이 아니므로 믿지 아니하는도다 내 양은 내 음성을 들으며 나는 그들을 알며 그들은 나를 따르느니라"(요 10:26-27)라고 말씀했다.

예수를 하나님의 아들로 보느냐 보지 않느냐라는 문제는 이론적인 문제가 아니며, 또는 흔히 생각하듯이 신앙의 문제도 아니다. 그것은 일종의 경험적인 문제로서 예수의 삶과 가르침과 그 고뇌에 직접 대면해 봄으로써, 스스로 판단하고 스스로 선택해야 할 문제다. 그런데도 경험과 자율적 판단을 중요시한다고 하는 공교육과 교육학에서 이러한 경험과 판단의 기회조차 소멸시켜 버린다는 것은 일종의 아이러니가 아닐 수 없다.

(6) 종교: 절대자에로의 안내

인류가 거듭나기 위해서는 유일하신 하나님과 대면해야 한다. 종교는 바로 이 일을 하기 위한 것이다. 종교에서는 절대자에 대한 올바른 인식이 바로 '진리의 열쇠'다.

그러나 예수님이 보시기에, 하나님을 올바로 소개함으로써 인류를 참다운 자기 인식에로 이끌어야 할 종교가 오히려 하나님을 왜곡시키고 있었으며, 그 결과로서 사람들이 하나님과 대면하는 것을 앞장서서 가로막고 있었다. 그래서 예수는 "화 있을진저 너희 율법교사여 너희가 지식의 열쇠를 가져가서 너희도 들어가지 않고 또 들어가고자 하는 자도 막았느니라"(눅 11:52)라고 비난했던 것이다.

왜곡된 하나님을 전파하는 종교로 인해, 사람들은 하나님과 대면할 기회를 박탈당하고 있었다. 예수의 사명 가운데 핵심은 바로 이렇듯 왜곡된 하나님의 모습을 바로잡아 놓는 일이었다.

그러면 예수가 옳다고 하는 하나님의 모습은 어떠한 것이었는가?

유대교의 전통에 의하면 하나님과 인간과의 관계는 '창조주와 피조물,' '재판관과 죄인,' '주인과 하인'의 관계였다. 그러나 예수는 하나님과 인간과의 관계를 '아버지와 아들'의 관계로 바꾸어 놓았다. 그는 하나님을 결코 하나님이라고 부르지 않았고, 반드시 '아버지' 또는 '나의 아버지'라고 했다.

탕자의 비유(눅 15:11-31)에서 알 수 있듯이, 인류는 집 떠난 탕자에, 하나님은 집 나간 아들을 애타게 기다리며 문밖에 서있는 아버지에 비유되고 있다. 아들에 대한 아버지의 이러한 절대적, 무조건적 사랑의 관계가 바로 예수가 전하고자 했던 하나님과 인간과의 관계였다.

아버지의 사랑을 배반하고 멀리 떠남으로써 아들은 아버지와의 관계가 끊어졌다고 생각했다. 그래서 그는 아버지에게로 돌아가면, 하인의 하나로 취급되기를 바랐다. 그러나 그가 아버지의 집으로 다시 돌아왔을 때, 아버지는 이전보다 더 큰 사랑과 기쁨으로 그를 맞이한다. 즉 아버지와 아들의 사랑 관계가 다시 회복된 것이다.

인간의 구원이란 절대자와의 올바른 관계 회복을 의미한다. 절대자와의 올바른 관계 회복 없이는 인간 구원도 없다. 올바른 관계 회복은 '창조주와 피조물,' '재판관과 죄인,' '주인과 하인'이라는 대립적이고 적대적인 관계가 사랑으로 가득 찬 아버지와 아들의 친밀한 관계로 뒤바뀌는 것을 말한다.

어떻게 이러한 일이 가능한가?

예수는 말한다.

'하나님을 찾으라!'

'하나님을 만나보라!'

'그는 지금도 대문 밖에 서서, 집 나간 아들이 되돌아오기만을 애타게 기다리고 계시다!'

이처럼 '거듭남'은 하나님의 큰 사랑으로 되돌아와서 하나님과 눈물로써 대면하는 것을 그 대전제로 삼고 있다. 인간이 거듭나려면, 그는 하나님의 사랑을 깨달아야만 한다. 다음과 같이 고백할 수 있어야 한다.

> 사랑은 여기 있으니 우리가 하나님을 사랑한 것이 아니요 하나님이 우리를 사랑하사 우리 죄를 속하기 위하여 화목 제물로 그 아들을 보내셨음이라(요일 4:10).

(7) 예수: 신앙의 주춧돌

그러면 하나님이 우리를 그처럼 사랑하신다는 것을 어떻게 알 수 있는가?

그 객관적 증거는 무엇인가?

솔직히 말하면, '예수가 그렇게 말했기 때문에 그렇다'라는 것 이외에 이에 대한 다른 이모란 증거도 찾아볼 수가 없다. 그러나 이 단 하나의 증거가 이번에는 기독교 신앙 전체의 주춧돌이 된다는 것이 기독교의 큰 특징이기도 하다. 즉 예수의 말과 인격과 능력과 진실성에 대한 신뢰가 없이는 하나님의 사랑을 깨달을 수가 없으므로 구원과 거듭남도 없게 된다.

이러한 관점에서 볼 때만 예수가 "내가 곧 길이요 진리요 생명이니 나로 말미암지 않고는 아버지께로 올 자가 없느니라"(요 14:6)라고 한 말씀을 이해할 수 있다. 따라서 예수의 구원 활동은, 한편으로는 자신에 대한 신뢰성의 토대를 만들어 주는 일과, 다른 한편으로는 그 신뢰성의 토대 위에 이룩될 새로운 세계의 모습을 가르치는 복합적인 것이었음을 알 수 있다.

그러면 예수에 대한 신뢰는 어디에서 비롯되는가?

그것은 그의 말과 행위와 능력에서 비롯되는데, 예수는 그 일을 훌륭하게 수행했다고 스스로 확신하고 있었다. 그래서 그는, "내가 아버지 안에 거하고 아버지께서 내 안에 계심을 믿으라 그렇지 못하겠거든 행하는 그 일로 말미암아 나를 믿으라"(요 14:11)라고 자신 있게 말씀했고, 십자가에 달려 죽어가면서도 "다 이루었다"(요 19:3)라고 말씀했던 것이다.

이러한 점에서 볼 때, 기독교의 신앙(Faith)은 단순한 신념(Belief)이 아니다. 그것은 진실되고 인격적이며 능력 있는 삶을 그 핵심적인 전제로 삼는, 고도의 합리적 판단이다. 이러한 요소가 결핍된 신앙은 공허하며 거짓된 것이다. 기독교의 신앙이 지니는 이러한 요소야말로 공교육 및 교육학과의 진지한 대화를 가능하게 하는 중요한 접촉점이 된다.

3) 예수의 교육 내용: 사람

(1) 교육 내용으로서의 사랑

예수는 하나님의 사랑을 가르침으로써, 사람들이 하나님께로 돌아오고 거듭나도록 노력했다. 그런데 하나님의 사랑을 가르친다는 것은 다음과 같은 두 가지 난관에 부딪힌다.

첫째, 객관적 표준이 모호한, 감정적이고 주관적인 신비주의에 흐르기 쉽다는 것이다.

둘째, 관념적이고 내적인 평온만을 찾아 현실에서 도피하고 외면해 버리기 쉽다는 점이다.

그러면 예수는 이러한 난관을 과연 어떻게 극복했는가?

우선 예수와 하나님과의 사랑의 관계가 주관적이라면, 예수의 가르침도 주관적일 수밖에 없다. 그러나 그와는 달리, 예수와 하나님과의 관계가 객관적인 것에 토대를 둔 것이라면, 주관주의는 이미 극복된 것이다.

그러면 과연 하나님과의 사랑의 관계는 주관적인가, 객관적인가?

첫째, 사랑의 대상인 하나님이 주관적인 존재일 때, 그것은 주관주의에 빠지게 된다. 그러나 예수가 전한 하나님은 사람의 추리나 마음의 요청에 따라 추상된 '신 관념'이 아니라, 유대의 긴 역사 속에 구체적으로 간섭해 온 여호와를 지칭하는 것이었다. 이 여호와는 기회가 있을 때마다, 사람에게 삶의 기준을 제시하고, 그것을 지킬 것을 요구해 온 분이다. 따라서 이 여호와가 객관적 존재인 만큼 예수의 가르침도 객관적이며, 이러한 점에서 기독교는 유대교를 모체로 했다고 말할 수 있다.

둘째, 하나님이 요구하는 사랑의 관계가 주관적일 때, 그것은 또한 주관주의에 빠진다. 그러나 예수는 "너희가 나를 사랑하면 나의 계명을 지키리라"(요 14:15), "나의 계명을 지키는 자라야 나를 사랑하는 자니 나를 사랑하는 자는 내 아버지께 사랑을 받을 것이요 나도 그를 사랑하여 그에게 나를 나타내리라"(요 14:21)라고 하여 하나님과의 사랑 관계에 대한 객관적 증거로서 계명에 대한 준수를 요구하고 있다.

결국, 문제는 예수가 요구하는 '계명에 대한 준수'가 하나님과의 사랑 관계에 대한 객관적인 준거가 될 수 있느냐 하는 것이다.

그러면 예수가 제시한 계명은 무엇인가?

예수는 말씀했다.

> 새 계명을 너희에게 주노니 서로 사랑하라 내가 너희를 사랑한 것 같이 너희도 서로 사랑하라 너희가 서로 사랑하면 이로써 모든 사람이 너희가 내 제자인 줄 알리라(요 13:34-35).

즉 예수는 제자들에게 서로 사랑할 것을 계명으로써 요구하고 있는데, 이때 예수가 요구하는 사랑이란 예수 자신이 제자들에게 베풀어 준 것과 같은 종류의 사랑이다. 그러므로 제자들은 예수가 자신들에게 '보여준' 사랑을 이번에는 자신들이 실천하면 되는 것이다.

그러나 예수가 그의 제자들에게 '보여준' 사랑이 과연 여호와의 인간에 대한 사랑과 일치하는 것이라고 볼 수 있는가?

바로 이 점에서 유대교와 기독교는 그 입장을 달리한다. 즉 기독교는 긍정하는 반면, 유대교는 부인하고 있다.

실재하는 하나님 그리고 그 하나님이 지닌 사랑에 대한 객관적인 증거로서 예수가 보여준 교훈과 사랑이, 이번에는 그가 그의 제자들에게 요구하는 요구사항의 객관적인 표준이 된다는 점에서 볼 때, 예수의 가르침은 이미 그만큼 주관주의나 현실도피라는 난관을 극복하고 있는 셈이다.

즉 그의 가르침은 그 스스로가 모범을 보여주었듯이, 소극적으로 어떤 마음의 상태를 유지함으로써 획득할 수 있는 것이 아니요, 적극적으로 하나님의 법을 행함으로써만 확보되는 것이기 때문이다.

(2) 교육의 원동력으로서의 사랑

그러나 하나님의 법의 실현이라는 문제는 그렇게 간단한 문제만은 아니다. 기독교 역사상 거듭남의 한 표본으로 여겨지는 바울조차도 다음과 같이 절규했다.

> 내가 원하는 바 선은 행하지 아니하고 도리어 원하지 아니하는 바 악을 행하는도다 만일 내가 원하지 아니하는 그것을 하면 이를 행하는 자는 내가 아니요 내 속에 거하는 죄니라 그러므로 내가 한 법을 깨달았노니 곧 선을 행하기 원하는 나에게 악이 함께 있는 것이로다

내 속사람으로는 하나님의 법을 즐거워하되 내 지체 속에서 한 다른 법이 내 마음의 법과 싸워 내 지체 속에 있는 죄의 법으로 나를 사로잡는 것을 보는도다(롬 7:19-23).

사실 마음의 이러한 갈등상태야말로 모든 사람이 한시라도 처해있기를 바라지 않는 괴로운 상태일 것이다.

그러나 그러함에도, 바울이 그러한 갈등상태에 있으면 있었지 하나님의 법을 버리지 못하게 했던 힘은 무엇이었을까?

선을 행하게 하는 힘으로서는 여러 가지를 들 수 있다. 상, 벌, 공포심, 양심, 명예심 등이다. 그러나 예수는 '사랑'을 그 힘으로 삼았다. '사랑'을 선행의 하나로 보는 관점들은 많으나 사랑 그 자체를 모든 선행의 원동력으로 삼는 것은 예수의 특이한 점이다.

같은 사랑이라고 해도 '부자(父子) 사이의 사랑'(유교) 혹은 '불쌍히 여기는 마음'(불교), '자산(資産)으로 여기는 마음'(도가) 등과도 다른 것으로, 그것은 '인간의 영혼에 대한 하나님의 사랑'이다.

바울은 이것을 다음과 같이 웅변적으로 말했다.

누가 우리를 그리스도의 사랑에서 끊으리요 환난이나 곤고나 박해나 기근이나 적신이나 위험이나 칼이랴 기록된 바 우리가 종일 주를 위하여 죽임을 당하게 되며 도살 당할 양 같이 여김을 받았나이다 함과 같으니라 그러나 이 모든 일에 우리를 사랑하시는 이로 말미암아 우리가 넉넉히 이기느니라 내가 확신하노니 사망이나 생명이나 천사들이나 권세자들이나 현재 일이나 장래 일이나 능력이나 높음이나 깊음이나 다른 어떤 피조물이라도 우리를 우리 주 그리스도 예수 안에 있는 하나님의 사랑에서 끊을 수 없으리라(롬 8:35-39).

이처럼 하나님의 사랑은 기독교를 무수한 박해 속에서도 오히려 살아남게 한 힘이었으며, 또한 기독교인들이 행했던 다른 모든 형태의 사랑들에 대한 원동력이었다. 이러한 사랑은 인간들이 만들어 낸 것이 아니었으며, 예수의 사랑으로부터 우러나온 것이요, 또한 예수에 대한 전인격적인 신뢰를 통해서만 우리에게 선날될 수 있는 것이라는 점에서, 이것은 또한 신앙의 차원에 속한 것이기도 하다.

4) 예수의 교육방법

예수는 교육방법에서도 매우 특이했는데, 그중 대표적인 것으로서 비유법을 들 수 있다. 이 방법은 학식의 유무, 나이의 고하에 구애됨이 없이 모든 사람에게 호소력을 가질 수 있다. 그러나 이 방법은 그 반면에, 비유를 받아들이는 사람에 따라 여러 가지로 해석될 수 있다는 문제점을 안고 있다.

예수도 이 문제점을 알고 있었다. 그는 비유법을 사용한 후에는 "들을 귀 있는 자는 들으라"(막 4:9)라고 말하곤 했으며, 자기 제자들에게는 그 비유의 의미를 다시 설명해 주곤 했다.

그러면 이러한 문제점을 알고 있었음에도 예수는 왜 이 방법을 사용했는가?

그리고 이 방법이 공교육에서는 어떻게 활용될 수 있는가에 대해서는 좀 더 연구되어야 하겠지만, 이 글에서는 생략하기로 한다.

또한, '대화'와 '모범'도 주요한 교육방법으로 사용되었는데 '대화'는 흔히 인간관계 유지나 의사소통의 방법으로 사용되어 왔고 '모범'은 교육의 맥락에서보다 도덕의 맥락에서 더 문제시되고 있다. 따라서 이러한 방법들을 일반교육의 방법으로 체계화시키려는 노력들이 좀 더 많이 요청된다.

예수의 교육이 성공할 수 있었던 것은 물론 그의 교육방법이 뛰어났기 때문이었다. 그러나 그의 교육방법의 성공은 또한 그의 교육 내용의 뛰어남과 인간의 마음에 대한 그의 통찰력 등이 뒷받침되었기 때문에 가능했었다는 점을 기억해야 한다. 따라서 그의 교육 내용에 대한 참다운 이해와 인간에 대한 깊은 통찰이 병행되지 않는다면, 그의 교육방법도 올바로 이해하고 활용할 수 없을 것이다.

5. 결론

이상에서 예수의 인간 형성 논리는 공교육에서 우려하듯이 주관적이며 비합리적인 가정들을 전제로 하여 이루어진 것이 아니라 오히려 객관적이고 합리적인 가치들의 토대 위에 성립된 것들이었음을 살펴보았다.

　또한, 교육에서 추구하는 바람직한 인간 형성 및 교육적 가치들의 실현도 '기독교의 사랑'에 기초를 두어야만 가능한 것이라는 기독교의 교육적 논리를 체계적으로 살펴보았다.

　기독교는 인간과 자연에 대한 신적인 사랑에 의해서 성립되었고, 그러한 사랑에 의해서만 유지될 수 있는 종교다. 그런데 '사랑'은 그것을 행하는 사람이 지닌 지식, 기능 및 인성을 토대로 해서 표출될 수밖에 없다. 만약 기독교인들이 객관적이거나 합리적이지 못할 때 그들의 지식, 기능, 인성들을 토대로 해서 표출되는 그들의 사랑 또한 그만큼 주관적이고 비합리적인 것이 될 수밖에 없다.

　따라서 만약 공교육이 진정한 객관성과 참된 합리성을 사람들에게 심어줄 수만 있다면 공교육은 그만큼 기독교의 이상 실현에 공헌하게 될 것이다.

　결국, 기독교와 교육의 관계는 종속적이거나 배타적인 관계라기보다 서로를 그 기초로서 요구하는 상호의존적, 공존적 관계다. 따라서 기독교와 교육은 참다운 인간 형성 및 참다운 인류사회의 실현이라는 고귀한 목적을 위하여 함께 의논하고 협력해야만 한다.

　그런데 참다운 의논과 협력은 각각 상대편의 건전성을 그 윤리적 전제조건으로 요구하므로 기독교와 교육은 서로의 참다운 발전을 위하여 성실한 충고와 조언을 아끼지 않는 한편, 자신들의 활동은 과연 참다운 것인가 하는 점을 상대방의 입장에 서서 반성해 보는 노력도 게을리하지 말아야 할 것이다.

부록 3

믿음과 사랑의 공동체[1]

1. 이끄는 말

오늘날 우리의 교회들은 안팎으로부터 쏟아지는 무수한 비판과 비난에 직면해 있다. 그러나 이러한 현상은 교회사적으로 볼 때, 그렇게 새삼스러운 일은 아니다. 어느 시대건 교회에 대한 비난과 비평은 있었다. 과거에는 그러한 비난들이 핍박으로 화한 적도 많았다.

그러나 교회는 이러한 온갖 종류의 비난과 비판과 핍박 속에서도 오늘날까지 의연하게 우리의 믿음을 지켜왔다. 이렇게 볼 때 교회에 대한 비난과 비평에 대하여 일일이 신경을 곤두세울 필요는 없을 것 같다. 믿음의 선배들이 그러했던 것처럼 그저 묵묵히 우리의 할 일을 해나가는 것으로 족할 것이다. 나머지 일들은 하나님께서 판단하실 일이다.

---

[1] 역자 서문에서 밝힌 바와 같이, 이 글은 역자의 영어 성경 연구반 종강 예배 설교를 옮긴 것으로 원서의 이해를 돕기 위해 본 번역서에 실었다-편집자 주.

2. 가장 중요한 질문

 중요한 것은 '교회의 할 일이 과연 무엇인가'라는 문제다. 교회에 대한 비난들 때문에 과도하게 번민할 필요는 없지만, '교회의 할 일이 과연 무엇인가'라는 문제에 대해서는 크게 번민해야 한다.

 그러나 이 질문 앞에서 진지하고 심각하게 번민하고 있는 교회들은 과연 얼마나 될까?

 우리는 대부분 '교회가 할 일이 과연 무엇인가'라는 질문에 대한 답은 이미 알고 있으며, 걱정거리가 있다면 그것은 단지 우리의 그 앎을 세상의 비난이나 오해를 받지 않고 무사히 잘 수행할 수 있도록 하는 것으로 생각하고 있는 것은 아닐까?

 교회들이 이제까지 해온 바로 그 일들이 과연 우리가 앞으로 해야만 할 바로 그 일들일까?

 교회는 성경의 말씀이 무오한 것과 마찬가지로 무오한 것은 아니다.

 '교회도 틀릴 수 있다'라는 것이 바로 종교개혁의 핵심적인 주장이었다. 물론 교회가 이제까지 해온 그 일들이 또한 우리가 해야만 할 바로 그 일들일 가능성은 있다. 그러나 그것은 우리가 성경의 가르침에 비추어서 검토해 본 후에 내려야 할 '판단'인 것이지, 처음부터 아예 올바른 것이라고 '믿어야 할' 일은 아니다. 오늘 이 시간에는 교회의 토대가 되는 '구원'과 '믿음'과 '사랑'의 문제를 재검토함으로써, 교회가 해야 할 일들을 확인해 보려고 한다.

3. 구원: 은혜의 결과인가, 믿음의 결과인가?

에베소서 2:1-10의 말씀은 '구원'과 '믿음'과 '사랑'의 관계를 잘 묘사하고 있다. 이 말씀들을 요약하면 다음과 같다.

우리는 허물과 죄로 죽었던 사람들이다(1절).

우리도 전에는 육체의 욕심을 따라 지내며 육체와 마음이 원하는 것을 등에 본질상 진노의 자녀였다(3절).

그런데 하나님께서는 우리를 너무도 사랑하셨기 때문에 허물로 죽은 우리를 그리스도와 함께 살려주셨다. 즉 우리는 '은혜로 구원을 받은 것'이다(5절).

결국 우리는 하나님의 은혜로 말미암아 '믿음으로 구원을 얻었으니' 이것은 우리의 행위에서 난 것이 아니요 하나님의 선물이다(8-9절).

우리는 그리스도 예수 안에서 선한 일을 하도록 하나님께서 새롭게 만드신 사람들이다(10절).

1) 기존의 구원관

본문 5절과 8절의 말씀을 보면 '은혜로 구원을 얻었다'라는 말씀과 '믿음으로 구원을 얻었다'라는 서로 다른 말씀이 나온다. 이제까지 우리는 이 두 가지 말씀이 본질에서 통일한 말씀이라고 배웠다. 이 두 가지 말씀은 서로 다른 두 가지의 구원을 가르치는 것이 아니라, 한 가지 구원을 서로 다르게 표현하고 있는 것에 불과한 것이라고 배웠다.

행함에 의해서 구원을 받을 수 있는 사람은 아무도 없으므로 하나님께서는 행함에 의해서가 아니라 '믿음으로' 구원을 받을 수 있도록 허락하셨는데, 바로 이것이 하나님의 은혜이며 그 '믿음'조차 나의 노력이나 이성적 판단의 결과로서 얻어지는 것이 아니요 하나님께서 성령을 통하여 주시는 선물이기 때문에, 결국 '은혜로 구원을 얻었다'는 말씀이나 '믿음으로 구원을 얻었다'라는 말씀은 같은 말씀일 수밖에 없다는 것이다. 따라서 이 두 가지 말씀은 다음과 같이 합쳐질 수 있는 것이라고 보는 것이다.

> 너희는 그 은혜에 의하여 믿음으로 말미암아 구원을 받았으니 (엡 2:8).

2) 은혜로 주시는 구원

그러나 우리가 본문을 편견 없이 살펴보면 이상과 같은 해석에는 무언가 억지스러운 점이 있다는 것을 쉽게 발견할 수 있다.

먼저 '은혜로 구원을 얻었다'(5절)라고 하는 그 '은혜'가 하나님께서 성령을 통해 우리에게 주시는 '믿음'을 의미하는 것이 아님은 너무도 명백하다. 본문을 보면 그 '은혜'는 "허물로 죽은 우리를 그리스도와 함께 살리셨다"(5절)라는 것이다. 즉 죄 가운데서 육체의 욕심을 따라 육체와 마음이 원하는 것을 행했던 우리는 하나님의 진노를 받아야 마땅했음에도 하나님께서는 우리를 용서하시고 살려주셨다는 것이다. 이것이 바로 하나님의 '은혜'다.

그러면 하나님께서 '은혜'로 우리를 구원하셨을 때에 우리는 '믿음'을 지니고 있었던 것일까?

아니다. 본문을 보면 명백히 '그때 우리는 공중의 권세 잡은 자를 따르고 있었다'(2절)라고 나와 있다.

그러면 하나님께서는 무엇을 보시고 우리의 죄를 용서하셨을까?

하나님께서는 그때 인간의 그 어떠한 것도 보시지 않았다. 하나님께서는 단지 그리스도만을 보시고 인간의 모든 죄를 용서해 주셨다. 우리가 '은혜로 구원받았'을 때의 그 구원의 준거는 우리의 '믿음'이 아니라 예수 그리스도의 '피'였다.

'은혜로 주신 구원'은 우리의 '믿음'을 보시고 주신 구원이 아니기 때문에, 이 구원은 믿는 자나 불신자를 막론하고 모든 인류에게 남김없이 베풀어 주시는 보편적이다. 장로 요한은 "그는 우리 죄를 위한 화목 제물이니 우리만 위할 뿐 아니요 온 세상의 죄를 위하심이라"(요일 2:2)라고 말씀했다.

예수님은 둘째 아담으로서 이 세상에 오셨으며(고전 15:45-47) 온전한 순종을 통하여, 첫째 아담이 인류에게 가지고 들어온 '사망이라는 저주'를 소멸하셨다(고전 15:22). 이와 같은 '은혜 구원'으로 말미암아 모든 인류는 '예수 그리스도 안에서' 예수와 함께 살아나게 된 것(엡 2:5)이다. 따라서 하나님을 대적하는 자이거나 혹은 예수님에 대해서 듣지도 알지도 못하는 자이거나를 막론하고 인간이라면 누구나 다 예수 그리스도의 피와 상관이 있다.

사도 바울은 "의인과 악인의 부활이 있으리라"(행 24:15)라고 말했고 예수님은 "무덤 속에 있는 자가 다 그의 음성을 들을 때가 오나니 선한 일을 행한 자는 생명의 부활로, 악한 일을 행한 자는 심판의 부활로 나오리라"(요 5:28-29)라고 말씀하셨다. '온 인류의 부활과 영생,' 이것이 바로 '은혜 구원'으로 인하여 인류에게 주어지는 하나님의 선물이다.

만약 모든 사람이 부활하고 모든 사람이 영생하는 일이 없다면 그리고 믿는 자들만이 부활하고 믿는 자들만이 영생을 얻는다고 한다면 최후의 심판이 도대체 무슨 의미가 있겠는가?

'은혜 구원'의 준거가 예수 그리스도의 '피'였다면 '믿음 구원'의 준거는 우리의 '믿음'이다. 물론 그 '믿음'도 하나님께서 주시는 은혜임에는 틀림이 없다. 그러나 '은혜 구원'이 믿음이 있고 없고를 묻지 않고 보편적으로 주시는 구원이라면 '믿음 구원'은 믿음이 있느냐 없느냐에 따라서 구원하시는 특별한 구원이다. '은혜 구원'과 '믿음 구원'은 이처럼 명백히 구분되는 일임에도, 대부분의 이단들은 '믿음 구원'은 무시하고 '은혜 구원'만을 강조하며, 이에 반하여 대부분 교회는 '은혜 구원'은 무시하고 '믿음 구원'만을 강조한다. 어느 편이든 모두다 "좌로나 우로나 치우치지 말라"(잠 4:27)는 성경의 가르침에 위배되는 것이다.

3) 은혜만을 강조하는 데서 오는 오류

'믿음 구원'을 무시하고 '은혜 구원'만을 강조하면, '최후의 심판'이라든가 우리는 하나님 앞에서 여전히 '죄인'임을 인정할 수 없게 된다. 따라서 이단들 중에는 '최후의 심판'은 사실은 없다고 주장하는 자들이 있는가 하면, 계속된 회개와 성화의 노력을 잘못된 것이라고 주장하는 자들이 있는 것이다.

그러나 '최후의 심판'은 분명히 있는 것이며, 또한 우리가 비록 '은혜'로 구원을 얻었지만 우리는 여전히 죄를 행할 수 있기 때문에 우리는 우리를 유혹하는 그 죄들에 대항하여 싸우기 위해서 우리의 잘못을 계속하여 회개함으로써, 하나님의 구원에 합당한 성화의 과정을 가야만 한다.

성경은 "각 사람이 자기의 행위대로 심판을 받을" 것(계 20:13)임을 분명하게 가르치고 있다. 사도 바울도 다음과 같이 가르쳤다.

스스로 속이지 말라 하나님은 업신여김을 받지 아니하시나니 사람이 무엇으로 심든지 그대로 거두리라 자기의 육체를 위하여 심는 자는 육체로부터 썩어질 것을 거두고 성령을 위하여 심는 자는 성령으로부터 영생을 거두리라(갈 6:7-8).

장로 요한은 또한 "만일 우리가 범죄하지 아니하였다 하면 하나님을 거짓말하는 이로 만드는 것이니"(요일 1:10), "내가 이것을 너희에게 씀은 너희로 죄를 범하지 않게 하려 함이라"(요일 2:1)라고 가르쳤는데, 만약 우리가 죄를 범할 가능성이 없다면 이러한 가르침들은 모두 쓸데없는 것이 될 것이다.

이단들은 아예 하나님을 떠나기로 작정한 자들이니, 우리가 이 자리에서 그들의 잘못된 점들을 지적하고 비판하는 것들이 그들에게는 아무런 유익을 주지 못할 것이다. 그러나 하나님의 교회들은 비록 잘못될 수는 있지만, 그 어떤 경우라고 하더라도 하나님을 떠나기를 바라지는 않을 것이다.

따라서 우리가 이 자리에서, 하나님의 교회들이 하나님의 말씀에서 떠나 있다면, 어떤 점에서 얼마나 떠나 있는지를 올바로 지적해 낼 수만 있다면 그것은 교회에 해를 주기보다는 오히려 유익을 주는 일이 될 것이다.

이제부터는 교회가 '은혜 구원'을 무시하고 '믿음 구원'만을 강조할 경우에 나타나는 위험은 과연 무엇인가 문제들을 살펴보기로 하겠다.

4) 믿음만을 강조하는 데서 오는 오류

(1) '믿음' 개념의 혼잡

'은혜 구원'을 무시하고 '믿음 구원'만을 강조하면 우선, 구원을 얻게 하는 그 '믿음'이라는 것이 무엇을 의미하는 것인지가 아주 모호해진다. '믿음'은 단순히 '아주 확신에 차 있는 상태'를 의미하는 일반적인 용어로 변해버린다. '믿음'의 내용과 대상은 개방되어서, '확신에 찬 것'이기만 하면 어떤 것이든지 다 '믿음'이 될 수 있다.

물론 성경을 보면 단순히 확신에 차 있는 상태를 '믿음'이라고 한 경우가 많다. 예컨대 "무엇이든지 기도하고 구하는 것은 받은 줄로 믿으라 그리하면 너희에게 그대로 되리라"(막 11:24)라든가 "내가 진실로 너희에게 이르노니 만일 너희가 믿음이 있고 의심하지 아니하면 이 무화과나무에게 된 이런 일만 할 뿐만 아니라 이 산더러 들려 바다에 던져지라 하여도 될 것이요 너희가 기도할 때에 무엇이든지 믿고 구하는 것은 다 받으리라"(마 21:21-22) 등의 말씀이 바로 그러한 종류의 가르침들이다.

이렇게 보면 '믿음으로 구원을 받는다'라는 말씀의 그 '믿음'은 성경과 교회에 관한 일이라면 무엇이든지 의심하지 않고 확신하고 있는 상태를 의미하는 것이 된다. '주일성수'도 믿음이 될 수 있고, '헌금 잘하는 것'도 믿음이 될 수 있고, '기도 열심히 하는 것'도 믿음이 될 수 있고, '목사님 말씀에 순종 잘하는 것'도 믿음이 될 수 있고, 방언이나 병 고치는 것과 같은 '특별한 은사를 많이 받은 것'도 믿음이 될 수 있고 '교회 봉사 잘하는 것'도 믿음이 될 수 있고, '전도를 열심히 하는 것'도 믿음이 될 수 있다.

다시 말하면 교회에서 가르치는 것이나 교회에서 하는 일이라면 무엇이든지 무조건 의심하지 아니하고 열심을 다 하고 충성을 다하여야만 '믿음'이 있는 것이 된다. 단순히 예배에 참석하고, 헌금하고, 기도하고, 순종하고, 봉사하고, 전도하는 것만으로는 안 된다. 그 일들을 확신에 차서 아주 열심히 그리고 헌신적으로 해야 한다.

이렇듯 열심을 내지 않으면 아직 믿음이 '어리거나' 혹은 믿음이 '식은 것'이 된다. 교회의 일들에 열심을 내지 않는 사람들은 소위 '미지근한' 믿음의 소유자들로 예수님에게서 내침을 받거나 기껏해야 '부끄러운 구원'을 받을 수밖에 없는 사람들이라고 생각한다.

사도 바울은 이렇게 말했다.

> 그리스도께서 죽은 자 가운데서 다시 살아나셨다 전파되었거늘 너희 중에서 어떤 사람들은 어찌하여 죽은 자 가운데서 부활이 없다 하느냐 만일 죽은 자의 부활이 없으면 그리스도도 다시 살아나지 못하셨으리라 그리스도께서 만일 다시 살아나지 못하셨으면 우리가 전파하는 것도 헛것이요 또 너희 믿음도 헛것이며 또 우리가 하나님의 거짓 증인으로 발견되리니 우리가 하나님이 그리스도를 다시 살리셨다고 증언하였음이라 만일 죽은 자가 다시 살아나는 일이 없으면 하나님이 그리스도를 다시 살리지 아니하셨으리라 만일 죽은 자가 다시 살아나는 일이 없으면 그리스도도 다시 살아나신 일이 없었을 터이

> 요 그리스도께서 다시 살아나신 일이 없으면 너희의 믿음도 헛되고 너희가 여전히 죄 가운데 있을 것이요 또한 그리스도 안에서 잠자는 자도 망하였으리니 만일 그리스도 안에서 우리가 바라는 것이 다만 이 세상의 삶뿐이면 모든 사람 가운데 우리가 더욱 불쌍한 자이리라 (고전 15:12-19).

사도 바울의 말과 같이 기독교인들의 믿음을 믿음답게 만들어 주는 것은 '비할 데 없이 강한 확신'이 아니라 예수님의 '부활 사건'이다. 우리가 믿어야 할 내용은 '하나님께서 은혜로 죄인인 우리를 이미 구원해 주셨다'라는 것이다. 그러나 만약 예수 그리스도의 부활이 없었다면, 우리는 우리가 구원받았다는 것을 믿을 수가 없다. '우리가 이미 구원받았다'라는 증거가 바로 예수 그리스도의 부활이다.

이처럼 '예수님의 부활'은 우리의 믿음의 궁극적인 토대가 된다. 그런데 이 '부활'은 우리의 믿음의 결과로 초래된 것이 아니라 하나님의 은혜로 초래된 결과였다. 다시 말하면 부활 사건은 '은혜 구원'의 결과이며, 이것은 다시 우리의 믿음의 출발점이 되는 것이다.

요컨대 우리의 믿음은 '구원받기 위한' 믿음이 아니라 '이미 구원받았다'는 믿음이다. 우리의 믿음은 모든 것을 다 포괄하는 일반적이고도 모호한 것이 아니라, 이처럼 너무나 구체적이고 명확한 것이어서 누구라도 잘 알아볼 수 있는 것이다. 기독교의 여타의 다른 믿음들은 바로 이 믿음을 토대로 해서만이 의미를 지닌다. 기독교인의 믿음의 정표는 '확신의 정도'가 아니라 '은혜 구원'에 대한 올바른 응답'이다.

(2) 믿음과 행위의 부당한 대립

'은혜 구원'을 무시하고 '믿음 구원'만을 강조하면 '믿음'과 '행위'를 부당하게 대립시키는 결과를 가져온다. 즉 구원은 '믿음'(다시 말하면 종교적인 행위)에서 오는 것이지 '행위'(다시 말하면 이 세상 속에서의 우리의 활동)에서 나는 것이 아니라는 것이다. 그러나 "믿음으로 구원을 받는다"라고 말할 때의 그 '구원'과 "행위에서 난 것이 아니라"라고 말할 때의 그 '구원'은 서로 다른 구원이다.

이 두 가지 구원 사이에 정당한 구분을 할 줄 모르기 때문에 우리는 부당하게도 "어리석도다 갈라디아 사람들아 예수 그리스도께서 십자가에 못 박히신 것이 너희 눈 앞에 밝히 보이거늘 누가 너희를 꾀더냐 내가 너희에게서 다만 이것을 알려 하노니 너희가 성령을 받은 것이 율법의 행위로냐 혹은 듣고 믿음으로냐 너희가 이같이 어리석으냐 성령으로 시작하였다가 이제는 육체로 마치겠느냐"(갈 3:1-3)라는 사도 바울의 권면을 '믿음과 행위를 대립시키는 가르침'이라고 해석하는 것이다.

"구원은 믿음에서 오는 것"이라고 할 때의 그 '구원'은 '믿음 구원'을 가리키는 것이지만 "행위에서 난 것이 아니라"라고 말할 때의 그 '구원'은 '은혜 구원'을 가리키는 것이다.

그렇다면 사도 바울의 그 권면은 단순히 믿음과 행위를 대립시키고 있는 것이 아니다. 그것은 예수께서 십자가에 못 박히심으로 말미암아 우리가 이미 은혜로 구원받았음을 아직도 깨닫지 못한 채 구원 받으려고 여전히 애쓰고 있는 어리석음에 대한 질책인 동시에 이제는 그 얻은바 구원에만 만족하지 말고 고마우신 하나님을 기쁘시게 할 수 있는 '믿음 구원'의 상태로 나아가야 할 것에 대한 촉구다.

즉 예수 그리스도 이전에 우리가 하나님의 구원을 받기 위해 행했던 모든 노력은 이제는 하나님의 은혜로 예수 그리스도에 의해 값없이 완성되었으므로 우리는 이제 이전의 일들에 연연할 것이 아니라 예수 그리스도께서 제시하신 새로운 그리고 더 풍성한 구원을 바라보아야 할 것이라는 권면이다.

'은혜 구원'은 예수 그리스도의 피로 인하여 우리에게 오는 것이기 때문에 그것은 우리에게서 난 것이 아니요 하나님의 선물이며 또한 우리의 행위에서 난 것도 아니다. 그러나 '믿음 구원'은 우리의 믿음을 보시고 구원하시는 것이기 때문에, 이 세상에서 살아가는 동안에 그 믿음에 합당한 그리고 그 믿음을 확증할 수 있는 우리의 행위가 없다면 우리는 결코 구원받을 수 없다.

물론 우리로 하여금 그러한 삶을 살 수 있도록 능력 주시는 이는 예수 그리스도이시니 결국 우리의 믿음과 행함도 하나님의 선물이긴 한다만 어쨌든 이 '믿음 구원'은 우리의 삶 가운데 행함이 없이는 결코 받을 수 없는 그러한 구원이다.

이처럼 '믿음'(다시 말하면, 종교적인 행위)과 '행위'(다시 말하면, 이 세상 속에서의 우리의 활동)는 결코 대립될 수 없는 일임에도 '은혜 구원'을 인정하지 못하기 때문에 오늘날 교회들은 믿음과 행함을 부당하게 대립시킴으로써 우리의 신앙생활에 커다란 장애를 주고 있다.

예수님은 다음과 같이 엄히 경고하셨다.

나더러 주여 주여 하는 자마다 다 천국에 들어갈 것이 아니요 다만 하늘에 계신 내 아버지의 뜻대로 행하는 자라야 들어가리라 그 날에 많은 사람이 나더러 이르되 주여 주여 우리가 주의 이름으로 선지자 노릇 하며 주의 이름으로 귀신을 쫓아 내며 주의 이름으로 많은 권능을 행하지 아니하였나이까 하리니 그 때에 내가 그들에게 밝히 말하되 내가 너희를 도무지 알지 못하니 불법을 행하는 자들아 내게서 떠나가라 하리라(마 7:21-23).

사도 야고보도 다음과 같이 가르쳤다.

너희는 말씀을 행하는 자가 되고 듣기만 하여 자신을 속이는 자가 되지 말라 누구든지 말씀을 듣고 행하지 아니하면 그는 거울로 자기의 생긴 얼굴을 보는 사람과 같아서 제 자신을 보고 가서 그 모습이 어떠했는지를 곧 잊어버리거니와 자유롭게 하는 온전한 율법을 들여다보고 있는 자는 듣고 잊어버리는 자가 아니요 실천하는 자니 이 사람은 그 행하는 일에 복을 받으리라 … 내 형제들아 만일 사람이 믿음이 있노라 하고 행함이 없으면 무슨 유익이 있으리요 그 믿음이 능히 자기를 구원하겠느냐 … 이와 같이 행함이 없는 믿음은 그 자체가 죽은 것이라 … 네가 하나님은 한 분이신 줄을 믿느냐 잘하는도다 귀신들도 믿고 떠느니라 아아 허탄한 사람아 행함이 없는 믿음이 헛것인 줄을 알고자 하느냐 … 영혼 없는 몸이 죽은 것 같이 행함이 없는 믿음은 죽은 것이니라(약 1:22-2:26).

5) 믿음으로 받는 구원

'은혜 구원'이 부활과 관련이 있는 것이라면 '믿음 구원'은 최후의 심판과 관련이 있다. 예수 그리스도의 부활은 우리가 죽으면 그것으로 모든 것이 끝나버리는 것이 아님을 강력하게 증거한다. 사실은 우리의 마음의 눈이 어두워서 그렇지 우리의 양심과 온 우주의 만물들도 그것이 진리임을 증언하고 있다. 우리는 죽은 후에 그리스도와도 같이 다시 살아나서 이 우주의 주인이신 그분 앞에서 우리의 삶에 대해 심판을 받아야만 한다.

믿음이 없는 사람이란 "내일 죽을 터이니 먹고 마시자"(고전 15:32)라고 생각하며 살아가는 사람들이다. 이런 사람들을 위해서는 '영벌'이 준비되어 있다. 이것이 바로 '둘째 사망'(계 2:11; 20:12-15)이다. 그러나 믿고 이 땅 위에서의 삶을 마치 하나님 앞에서 살아가듯이 산 사람들을 위해서는 하나님의 친 백성이 되고 하나님과 함께 거할 수 있는 상을 주신다(계 21:3-4). 이것이 바로 '믿음 구원'이다.

4. 구원받은 사람들의 삶

1) 거듭난 삶

기독교인들은 단순히 '믿으면 구원받는다'라고 전하는 사람들이 아니다. 그들은 하나님께서 이미 모든 사람을 용서하시고 구원하셨으며, 따라서 이 세상 끝날에는 모든 사람이 죽음 가운데서 다시 살아날 것이며, 그때에 하나님께서는 우리 각자의 삶에 대하여 그 행위대로 심판하실 것임을 전하는 사람들이다.

그들이 전하는 것은 '믿음'이라는 두루뭉술하고 모호한 개념이 아니라, 이처럼 구체적이고 명확한 것이다. 그들은 '구원을 얻기 위해서' 사는 사람들이 아니다. 그들은 '구원과 부활과 심판'에 대한 자신들의 믿음을 확증하기 위해서 사는 사람들이다.

'하나님께서 모든 사람을 다시 살리시고 그들의 삶에 대하여 심판하실 것'이라는 믿음을 지닌 사람은 세상 사람들과 똑같은 방식으로 살아갈 수가 없다. 그들은 하나님의 그 크신 사랑의 복음과 놀라우신 구원의 계획을 듣고 자신의 인생을 전면적으로 재조정한 사람들이다.

사도 베드로는 다음과 같이 말씀했다.

> 우리 주 예수 그리스도의 아버지 하나님을 찬송하리로다 그의 많으신 긍휼대로 예수 그리스도를 죽은 자 가운데서 부활하게 하심으로 말미암아 우리를 거듭나게 하사 산 소망이 있게 하시며 썩지 않고 더럽지 않고 쇠하지 아니하는 유업(an inheritance)을 잇게 하시나니 곧 너희를 위하여 하늘에 간직하신 것이라(벧전 1:3-4).

다시 말하면, 그들은 거듭난 사람들이며 "그리스도 예수 안에서 선한 일을 위하여 지으심을 받은 자"(엡 2:10)다. 그들은 하나님께서 원하시는 것이 무엇인지 알고 싶어 하며 그의 모든 삶을 하나님의 뜻에 따라 맞추기를 원한다. 이것이 바로 기독교를 믿는 사람들의 삶의 유일한 목적이다.

2) 사랑의 삶

그런데 하나님께서 원하시는 것이 무엇인지는 예수께서 보여주셨다. 예수님은 말씀하시기를 "새 계명을 너희에게 주노니 서로 사랑하라"(요 13:34)라고 하셨고 사도 바울은 "사랑은 율법의 완성"(롬 13:10)이라고 가르쳤다. 예수께서 자신의 몸을 내주심으로 하나님의 크신 사랑을 확증하셨듯이(롬 5:8), 기독교인들도 예수님의 그 크신 사랑을 증거함으로써 우리 인류에게 향하신 하나님의 사랑을 확증하기 위해 살아가는 사람들이다.

믿는 사람들은 사랑을 행하는 사람들이다. 그런데 우리는 흔히 사랑을 단순히 '주는 것,' '희생하는 것,' 또는 '양보하는 것'이라고 믿고 있기 때문에 마음만 먹으면 누구라도 그리고 언제라도 사랑을 행할 수 있다고 생각한다. 이러한 관점은 어떤 점에서 보면 상당히 많은 진리를 내포하고 있다. 사실 아무리 빈곤하다 할지라도 사랑을 베풀 수 없을 만큼 가난한 사람은 없는 것이다.

그러나 문제는 사랑에도 수준이 있다는 것이며 그리고 온전한 사랑이 아니면 하나님을 기쁘시게 할 수 없다는 점이다. 장로 요한은 다음과 같이 가르쳤다.

> 이로써 사랑이 우리에게 온전히 이루어진 것은 우리로 심판 날에 담대함을 가지게 하려 함이니 … 온전한 사랑이 두려움을 내쫓나니 두려움에는 형벌이 있음이라 두려워하는 자는 사랑 안에서 온전히 이루지 못하였느니라(요일 4:17-18).

우리가 '어떤 한 사람을 사랑한다'라는 것은 단순히 '그에게 무엇인가를 준다는 것' 이상의 것이다. 온선한 사랑은 그의 영혼과 그의 삶이 온전한 것이 되도록까지 책임을 지며 노력한다는 것을 의미한다.

이러한 사랑은 단순한 양보심 또는 희생정신 이외에 보다 더 큰 능력들을 요청하며 단순히 '무언가를 주는' 활동을 넘어서는 더 높은 수준의 활동들을 요청한다.

온전한 사랑은 우리의 모든 지성과 모든 생각과 모든 삶이 모든 것 위에 뛰어나신 하나님의 말씀에 토대를 두고 변화되고 재조직되어야 함을 요청한다. 온전한 사랑은 또한 사랑하는 사람에게 단순히 무언가를 베푸는 수준의 활동이 아니라 사랑하는 그 사람을 자신의 거듭난 삶 속으로 초대하고 초청해 들이는 수준의 활동을 요청한다.

3) 공동체적인 삶

(1) 오늘날 교회의 개인주의적인 경향

교회는 단순히 예배드리기 위해 모이는 장소나 예배드리기 위해 모이는 집단이 아니며, 확고한 믿음을 다지는 곳도 아니다. 교회의 가장 큰 특징은 세상의 어떤 다른 곳에서도 찾아볼 수 없는 특이한 방식으로 예배를 드린다는 데 있는 것이 아니라, 이 세상의 사람들과는 전적으로 다른 방식과 안목으로 생각하고 살아간다는 데 있다.

따라서 예배는 기독교인들이 하는 특이한 종교 활동의 표상이 아니라 기독교인들이 살아가는 특이한 삶과 안목의 표상이어야 한다. 그런데도 많은 사람은 교회를 종교라는 새롭고 고차원적인 활동을 하는 곳이라고만 생각한다.

그들이 교회 활동을 통해서 얻기를 기대하는 것은 자신의 개인적 심리적 사회적 욕구들을 좀 더 고차원적인 방식으로 충족시킬 수 있는 수단이다. 그들은 죽어서 천국에 가기 위해서는 교회에 나갈 필요가 있다고 생각한다.

게다가 신앙생활을 하다 보면 고독감, 긴장감, 불안감 등이 해소되고 마음의 평안을 얻을 수 있으니 교회를 찾는 사람들이 많은 것은 너무도 당연한 현상이다. 교회에 다니지 않는 사람들이 오히려 이상하고 어리석게 느껴질 정도다.

그들은 목회자들을 도와 이러한 종교적인 활동들에 종사하는 것이 바로 하나님의 일을 하는 것으로 생각하고 있으며 이 일을 돕기 위해 자신의 귀중한 재물과 시간과 능력의 일부를 아낌없이 바치기도 한다. 그러나 그들은 자신들의 삶 전체를 하나님께 바치려고는 하지 않는다. 그들이 생각할 때에 삶 전체를 드린다는 것은 목회자가 된다는 말이기 때문이다. 그들은 교회 내에서 언제나 삶의 일부만을 바치는 보조자의 역할로 만족하며 삶의 전부를 바치는 목회자들을 도움으로써 자신들도 교회의 일원이 될 수 있다고 생각한다.

오늘날의 교회는 이처럼 한두 사람의 헌신된 사람과 대부분의 헌신되지 못한 사람들로 구성되어 있다. 오늘날의 교회들이 들먹이는 '지체론'은 헌신된 극소수와 헌신되지 못한 대디수 바로 이러한 공생관계를 합리화하기 위한 것인 경우가 많다. 오늘날 교회에서 말하는 성장은 헌신된 삶을 살아가는 사람들의 수가 늘어나는 것을 의미하지 않는다. 그것은 삶의 일부만을 바치는 사람들의 수가 증가하는 것을 의미한다.

(2) 교회의 공동체적 특성

그러나 교회는 본래 우리를 향하신 하나님의 뜻을 찾고 실천하는 일에 자신의 삶 전체를 바치려는 사람들이 모인 '삶의 공동체'를 의미하는 것이다. 바로 이것이 기독교인들을 세상 사람들과 구분시켜 주는 특이한 삶의 방식이다.

하나님의 교회에는 자신의 삶의 일부만을 바치고 있는 사람은 하나도 없다. 하나님의 교회가 성장한다는 말은 바로 자신의 모든 삶을 바치는 이러한 사람들이 늘어난다는 것이며, 이러한 전적인 헌신을 통해서 우리의 삶이 하나님께서 보시기에 점점 아름답고 온전한 모습으로 변해간다는 것을 의미한다.

자신의 삶 전체를 바친다는 것은 숙고와 결단을 요청하는 일이다. 따라서 하나님의 교회는 피상적이거나 부분적이거나 일시적인 모임만으로는 성립될 수도 유지될 수도 없다. 하나님의 교회는 깊이 있고 진지하고 지속적이며 수많은 대화를 절대적으로 필요로 한다. 요컨대 교회는 사람들의 완전한 헌신을 요구할 수 있을 만큼 참되고 포괄적인 비전을 지니고 실천하면서 살아가는 삶의 공동체이지 않으면 안 된다.

삶의 모든 측면이 하나님을 중심으로 하여 움직이는 그러한 삶을 영위함으로써 하나님이 어떠한 분이신지를 세상에 밝히 증거하며 나아가서는 그러한 삶 속으로 사람들을 초청하여 들이는 삶의 공동체를 '교회'라고 말한다. 다른 사람들을 초청한다는 것은 이미 논리적으로 혼자일 수 없다는 것을 의미한다.

기독교인은 결코 개인주의적인 생활을 영위할 수 없다. 교회에 속해있지 않은 사람은 기독교인일 수가 없으며 의로운 공동체에 속해있지 않은 사람은 결코 의인일 수가 없다.

소돔과 고모라는 의인 열 명이 없어서 멸망했다(창 18:20-33). 우리는 이것을 흔히 '낱낱의' 의인들을 모두 합쳐보아도 열 명이 안 되었다는 뜻으로 해석을 한다. 소돔과 고모라가 얼마나 작은 성읍이었는지는 모르지만 '낱낱의' 의인들을 모두 합쳐도 채 열 명이 안 되어서 멸망했다고 보기는 어렵다. 소돔과 고모라는 사람 열 명 정도로 이루어진 '하나님의 의로운 공동체' 하나 성립시키지 못했기 때문에 망한 것이라고 보아야 한다.

　예수님은 "두세 사람이 내 이름으로 모인 곳에는 나도 그들 중에 있느니라"(마 18:20)라고 약속해 주셨다. 우리는 여기에서 예수님이 '한두 사람'이라고 말씀하지 않았음에 주목해야 한다. 사도 바울은 "믿음, 소망, 사랑, 이 세 가지는 항상 있을 것인데 그중에 제일은 사랑"(고전 13:13)이라고 가르쳤다. 그런데 믿음과 소망은 개인적으로도 지닐 수 있는 것들이지만 사랑은 서로 사랑을 주고받을 수 있는 상대방을 요청하는 공동체적인 개념이다.

　교회와 기독교 교육은 술곧 기독교인 각자가 분별력과 믿음과 사랑을 지니도록 요청하고 가르쳐 왔지만, 기독교인들의 삶의 공동체인 교회가 과연 올바른 분별력과 믿음과 사랑을 지니고 있는가에 대해서 따져보고 검토하는 것은 몹시 꺼려왔다. 그러나 우리가 참다운 기독교인이 되기 위해서는 교회의 온전성이야말로 기독교인 각자의 온전성에 우선하는 가장 중요한 요소다. 만약 기독교인들의 삶의 공동체 자체가 온전한 것이 아니라면 그 속에 있는 기독교인들은 결코 온전해질 수 없기 때문이다.

5. 결론: 참다운 지체론

　그리스도는 교회의 머리이시고 교회는 그의 몸이며 교인들은 몸의 각 지체라는 것이 바로 기독교의 유명한 지체론이다. 그런데 이상하게도 이 지체론은 기독교인 각자 각자가 자신의 맡은 바 임무를 충실하게 감당하기만 한다면 전체적으로 합동하여 선을 이루게 될 것이라는 개인주의적 신념을 뒷받침해 주는 원리로 변해버렸다.

그러나 기독교의 지체론은 기독교인 각자 각자가 선해지기를 요청하는 원리가 아니고, 개인과 개인들이 묶여서 이루어진 그 공동체의 모습이 선한 것이기를 요청하는 원리다. 만약 우리의 눈과 코와 입과 손들이 서로 올바른 구도에 입각해서 묶이지 못했다고 한다면, 그 눈과 코와 입들이 아무리 충실하게 자신의 소임을 다한다고 하더라도 그들은 항상 잘못된 결과들을 가져오고야 말 것이다. 우리는 장애인들을 통해서 늘 이러한 사실을 목격하고 있다.

이제 눈을 각 개인에게서 돌려 먼저 우리의 공동체 자체가 과연 하나님 앞에서 부끄러움이 없는 모습을 지니고 있으며 하나님께서 기뻐하실 만한 삶을 살아가고 있는가를 검토해야 한다. 각 개인이 그 공동체에 충실하고 충성된 것을 요청하는 것은 논리적으로 볼 때 이 이후에 이루어져야만 할 일이다. 만약 기독교인의 공동체가 하나님 앞에서 온전하지 못한 것이라면, 우리가 그 구성원들에게 충성심을 요청하는 것은 그만큼 부도덕한 일이 될 것이다.

이제 우리의 관심을 기독교인에게서 교회로 돌릴 때가 되었다. 우리는 각자 선한 일을 할 뿐만 아니라 이제 서로를 돌아보면서 함께 선한 일을 해나가는 법을 배우고 익혀야만 한다.